Jan Schmutzler

Beeinflussen Gehirnimplantate die Willensfreiheit des Menschen?

Antworten aus philosophischer, neurowissenschaftlicher und sozialpsychologischer Sicht

Bibliografische Information der Deutschen Nationalbibliothek:

Die Deutsche Nationalbibliothek verzeichnet diese Publikation in der Deutschen Nationalbibliografie; detaillierte bibliografische Daten sind im Internet über http://dnb.d-nb.de abrufbar.

Impressum:

Copyright © Science Factory 2020

Ein Imprint der GRIN Publishing GmbH, München

Druck und Bindung: Books on Demand GmbH, Norderstedt, Germany

Coverbild: GRIN Publishing GmbH

Inhaltsverzeichnis

1 Einleitung 1

2 Die philosophische Debatte um den freien Willen 4
   2.1 Metaphysische Grundannahmen 4
   2.2 Inkompatibilismus und Kompatibilismus 8

3 Neurowissenschaftliche Perspektiven auf den freien Willen 21
   3.1 Die Rolle des Unterbewusstseins und die Libet-Experimente 21
   3.2 Illusionen der Autorschaft und die Rede vom Epiphänomenalismus 24

4 Die Sozialpsychologie des freien Willens 26
   4.1 Das Argument der Inhaberschaft 26
   4.2 Die gewandelte Wahrnehmung des Unbewussten 28
   4.3 Die funktionale Rolle des freien Willens 29
   4.4 Empirische Unterschiede 31

5 Zwischenfazit 34

6 Gehirnimplantate – der Stand der Forschung 36
   6.1 Geschichte der Gehirnstimulation 36
   6.2 Tiefe Hirnstimulation bei therapieresistenter Depression 37
   6.3 Tiefe Hirnstimulation bei Zwangserkrankungen 38
   6.4 Closed-Loop-Implantate 38

7 Die Bedeutung von Gehirnimplantaten für die Debatte um die Willensfreiheit. 40
   7.1 Implantierte Indeterminiertheit? 40
   7.2 Psychologische Kontinuität bei DBS-Patienten 42
   7.3 Macht Kontrolle frei? 43
   7.4 Der verbesserte Wille? 46

8 Diskussion und Fazit 49

Literaturverzeichnis 52

1 Einleitung

„Der Wille des Menschen ist ein erhabener Begriff, auch dann, wenn man auf seinen moralischen Gebrauch nicht achtet. Schon der bloße Wille erhebt den Menschen über die Tierheit; der moralische erhebt ihn zur Gottheit"

(Schiller 1962 [1793]: S. 470).

Was sich hier wie eine Warnung vor einer fälschlichen Überhöhung des Menschen liest, ist keinesfalls so gemeint. Schiller war, ähnlich wie Kant, der festen Überzeugung, dass die Naturgesetze am menschlichen Willen abprallen und dieser als metaphysisches Bollwerk gegen die Notwendigkeiten und Triebhaftigkeiten der Natur dient (vgl. ebd. / bzgl. Kant Kapitel 2.2.4.).

Als Erfüllungsgehilfe der Vernunft ist der Wille hier untrennbar mit einer transzendenten Moral verbunden, sozusagen göttlicher Gewissheit. Ein Wille, der gegen die Vernunft handele, sei „unwürdig", wenngleich Schiller für einen Ausgleich von Natur und Vernunft ist (ebd.). Auch heute verstehen viele Philosophen[1] die Willensfreiheit noch als das besondere Merkmal, das den Menschen vom Rest der Schöpfung abhebt.

Nietzsche wiederum glaubt nicht an den freien Willen, er hält ihn für eine Illusion oder schlimmer noch, für eine Erfindung:

„Die Lehre von der Freiheit des Willens ist eine Erfindung herrschender Stände"

(Nietzsche und Colli 2005 [1878]: S. 545).

Nietzsche kann metaphysischen Begründungen nichts abgewinnen und sieht in Schopenhauers Ableitung der Freiheit aus dem Schuldbewusstsein einen entscheidenden Fehlschluss. Vielmehr könnten wir nur Schuld und Reue empfinden, weil wir uns für frei hielten (vgl. Nietzsche und Colli 2005 [1878]: S. 64). Nietzsches Verständnis von Freiheit als kulturelles Konstrukt ist seiner Zeit weit voraus und zeichnet den Weg für die heutige sozialpsychologische Behandlung der Willensfreiheit vor.

Neben Schiller und Nietzsche, Kant und Schopenhauer gibt es fast keinen bedeutenden Denker der Geschichte, der sich nicht zumindest in aphoristischer Manier mit der Willensfreiheit auseinandergesetzt hat. Insbesondere in jüngerer Zeit spielt die naturalistische Wissenschaft in Form der Neurowissenschaften eine bedeutende Rolle. Der entzaubernde Charakter eines mechanistischen Weltbilds wird von vielen als bedrohlich für unser Zusammenleben angesehen. Albert Einstein hingegen empfand seinen Nichtglauben an den freien Willen als entlastend:

---

[1] In der folgenden Arbeit wird aus Gründen der besseren Lesbarkeit ausschließlich die männliche Form verwendet. Sie bezieht sich auf Personen beiderlei Geschlechts.

Einleitung

> „Ich glaube nicht an die Freiheit des Willens. Schopenhauers Wort: 'Der Mensch kann wohl tun, was er will, aber er kann nicht wollen, was er will', begleitet mich in allen Lebenslagen und versöhnt mich mit den Handlungen der Menschen, auch wenn sie mir recht schmerzlich sind. Diese Erkenntnis von der Unfreiheit des Willens schützt mich davor, mich selbst und die Mitmenschen als handelnde und urteilende Individuen allzu ernst zu nehmen und den guten Humor zu verlieren."
>
> (Einstein 1932)

Wie man sieht, geht das Verständnis vom und die Attitüde zum sogenannten freien Willen weit auseinander. Schon seit Anbeginn der Philosophie ist er bestimmendes Thema unseres Selbstverständnisses als Menschen. Aufgabe dieser Arbeit soll es sein, die unterschiedlichen Perspektiven auf die Willensfreiheit und ihre metaphysischen Grundlagen zu beleuchten und zu vergleichen.

Schon in der philosophischen Debatte soll immer wieder ein Augenmerk auf den schwierigen Widerspruch zwischen Metaphysik und Empirie gelegt werden. Freiheit scheint auch im alltäglichen Sprachgebrauch einem ambivalenten Verständnis zu unterliegen. Einerseits ist sie absolut, man versteht sich als freier Mensch, dessen Schicksal in den jeweils eigenen Händen liegt. Andererseits zweifelt kaum jemand daran, dass Freiheit sowohl durch äußere als auch innere Zwänge eingeschränkt sein kann.

Schillers Rede vom *Begriff* der Willensfreiheit liefert hier einen interessanten Hinweis auf deren konstruierte Natur. In verschiedenen Kontexten spielt die Rede vom freien Willen unterschiedliche Rollen. Wir können elementare Institutionen unserer Gesellschaft, wie Identität, Verantwortung und Moral nur vor diesem Hintergrund verstehen. Dabei scheint der metaphysische Charakter der Freiheit unsere Sicht für die Variabilität des Begriffs zu vernebeln.

Zentrales Erkenntnisinteresse dieser Arbeit ist der Spezialfall der Gehirnimplantate und wie diese neue Technologie unter der Schablone der Willensfreiheit verhandelt werden kann. Was bedeutet es für unser Selbstverständnis, wenn etwas so Fremdes solche fundamentalen Kategorien unseres Menschseins berührt? Ähnlich der Entdeckung des Unbewussten, zugespitzt in den Erkenntnissen der Libet-Experimente (vgl. Kapitel 3.1.), scheinen Gehirnimplantate unser Verständnis von Willensfreiheit auf die Probe zu stellen.

Während die gewöhnungsbedürftige These im Fall der Libet-Experimente war, dass auch unbewusste Entscheidungen zu uns gehören und frei sein können, stellt sich nun die Frage, wie körperfremde Mechanismen in der Entscheidungsgenerierung zu bewerten sind.

Können wir für unsere Handlungen verantwortlich sein, wenn sie zumindest teilweise durch ein Implantat bedingt sind? Welche Bedingungen gelten allgemein, damit eine Handlung als uns zugehörig, durch uns zu verantworten gilt?

Antworten auf diese Frage lassen sich nicht nur in der Interpretation der philosophischen Ansätze, sondern auch in den Neurowissenschaften und der Sozialpsychologie finden. Spannend ist dabei auch die Frage, wie sich diese Disziplinen zueinander verhalten. Insbesondere die Philosophie, die sich jahrhundertelang auf einen Körper-Geist-Dualismus zurückgezogen hat, droht in der Debatte an Bedeutung zu verlieren. Welche Rolle kann sie zukünftig spielen und wie ist sie mit dem mechanistischen Weltbild der Naturwissenschaften in Einklang zu bringen?

Welchen Platz hat die Philosophie in der konstruktivistisch-funktionalistischen Weltsicht der Sozialpsychologie? Der Antrieb dieser Arbeit ist, dass diese Fragen am ontologisch interessanten Spezialfall der Gehirnimplantate als konkretes Beispiel anschaulich diskutiert werden können.

Insbesondere epistemische Definitionen der Willensfreiheit, wie beispielsweise die von Wittgenstein - *„Die Willensfreiheit besteht darin, dass zukünftige Handlungen jetzt nicht gewusst werden können."* (Wittgenstein 2016 [1918]: S. 60) -, die vor dem Aufkommen der Neurowissenschaften als unverrückbar wirken konnten, geraten in ihrer Geltung beispielsweise durch prognostische Gehirnimplantate unter Druck.

Versteht man die Willensfreiheit wie Nietzsche als soziales Konstrukt, kann man umgekehrt fragen, ob die Willensfreiheit nicht insbesondere Graubereiche des Wissenkönnens meint, Wittgensteins Nichtwissenkönnen also um ein Aberahnenkönnen erweitert werden müsste. Wenn dem so ist, und die Zuschreibung des freien Willens als soziale Grenzziehung von kausaler Zurechenbarkeit zu verstehen ist, stellt sich die Frage, wie diese vollzogen wird. Wissenschaftlicher Fortschritt, insbesondere in den Neurowissenschaften könnte dann als Erweiterung des Bereichs der individuellen Zurechenbarkeit interpretiert werden.

Gehirnimplantate könnten dann als Antwort auf den kategorischen Imperativ, den auch Kant direkt aus der Freiheit des Willens ableitete (vgl. Kant (vgl. Kant 2016 [1781]: S. 78), verstanden werden: Als vorauseilender Gehorsam und somit selbsterfüllende Prophezeiung dessen, was morgen erwartbar sein könnte.

2 Die philosophische Debatte um den freien Willen

Im Folgenden soll die philosophische Diskussion um die Willensfreiheit dargestellt werden. Die Umfänglichkeit der Debatte soll dabei angemessen berücksichtigt werden, sodass neben einem groben Überblick auch einzelne Argumente für eine spätere Bezugnahme zur Verfügung stehen.

2.1 Metaphysische Grundannahmen

Die Art und Weise, in der die Rede vom freien Willen unser Selbst- und Weltverhältnis formt, lässt sich nicht ohne die grundlegende Metaphysik, die dieser zu Grunde gelegt werden, verstehen. Dies ist nicht nur eine Frage der Vollständigkeit, sondern ermöglicht auch die Kontrastierung konkreter Fragestellungen gegen tieferliegende Vorstellungen.

2.1.1 Determinismus

In der aktuellen philosophischen Diskussion wird im Hinblick auf die allgemeinen Bedingungen für eine freie Willensbildung zuallererst zwischen deterministischen und indeterministischen Positionen unterschieden. Deterministische Positionen zeichnen sich durch die Annahme aus, dass die Zukunft zu jeder Zeit vorherbestimmt ist.
Geert Keil, der den Lehrstuhl für philosophische Anthropologie an der HU Berlin innehat und mehrere Monografien zur Willensfreiheit veröffentlicht hat, unterscheidet zunächst zwischen einem logischen und einem metaphysischen Determinismus. Eine logisch-deterministische Aussage ist aufgrund ihrer inneren Logik notwendig auch in der Zukunft wahr. Demnach sei die Zukunft determiniert, weil Aussagen über die Zukunft automatisch Wahrheit oder Unwahrheit anhafte.
Schon Aristoteles argumentiert laut Keil gegen diese Sichtweise, indem er zwischen logisch notwendigen und kontingenten Wahrheiten unterscheide (vgl. Keil 2017: S. 22). Die alleinige Tatsache, dass prinzipiell Aussagen über die Zukunft eindeutig wahr sein können, beweise demnach nicht, dass allen Aussagen eine inhärente Wahrheit oder Unwahrheit beigemessen werden könne. Eine logisch notwendige Wahrheit wäre beispielsweise eine tautologische Aussage wie „Es kommt, wie es kommt." Sie ist durch die Logik determiniert, determiniert aber nicht selbst (vgl. Keil 2017: S. 21).
Der Annahme, dass auch kontingenten Wahrheiten wie „Morgen wird es regnen." schon heute eine inhärente Wahrheit zukommen könnte, erteile Aristoteles laut Keil eine intuitive Absage (vgl. Keil 2017: S. 22). Keil führt weiter aus, dass die schon von Aristoteles als gegeben erachtete Freiheit des Menschen von der Spätantike bis ins Mittelalter als problematisch im Hinblick auf die angenommene Allwissenheit Gottes betrachtet wurde. Diese scheine augenscheinlich unvereinbar mit der Freiheit des Menschen, weil Vorauswissen nur möglich sei, wenn man auch die Entscheidungen der Menschen schon kenne (vgl. Keil 2017: S. 24).

Der spätantike römische Gelehrte Boethius versuchte diese Aporie laut Walter zu lösen, indem er Gott als überzeitliches Geschöpf konstruierte, dessen Allwissen somit kein Vorauswissen ist und folglich nicht unsere Freiheit gefährde (vgl. Walter 2016: S. 144). Diese Vorstellung, dass nicht nur alles schon determiniert ist, also mit Sicherheit wahr wird, sondern heute schon existiert und somit wahr ist, nennt Keil Eternalismus (vgl. Keil 2017: S.23). Seine moderne Entsprechung findet der Eternalismus in der Vorstellung eines Vierdimensionalismus, in dem Zeit sich nicht vollzieht, sondern als vierte Dimension immer schon existiert. Hier wäre nicht der freie Wille illusionär, sondern das Fließen von Zeit an sich (vgl. Rea 2005: S. 246ff.).

Keil weist jedoch darauf hin, dass die richtige Vorhersage innerhalb eines zeitlichen Universums eindeutig vom tatsächlichen Geschehen abhänge und nicht umgekehrt. Die These des Vorauswissens bedürfe einer zusätzlichen Modalität. Logisch notwendige Aussagen seien eben nur logisch notwendig, andere Aussagen (kontingente Wahrheiten) brauchen eine andere Notwendigkeit, um determiniert zu sein. Im Falle Gottes ist dies naheliegend eine metaphysische göttliche Allmacht.

Diese These werde allgemein als Prädestinationslehre bezeichnet (vgl. Keil 2017: S. 30). Besondere Bedeutung abseits der philosophischen Diskussion kam der Prädestination in der Reformationsbewegung von Calvin und Luther zu. Luther vertrat die Auffassung, dass nur der göttliche Wille frei sei, nur ihm käme die Entscheidung zu, ob ein Mensch in den Himmel oder die Hölle komme (vgl. Steinacker 2009: S. 144). Luther hält es dabei für einen „heilsamen" Gedanken, dass „Gott nichts zufällig vorherweiß, sondern dass er alles mit unwandelbarem, ewigem und unfehlbarem Willen sowohl vorhersieht, sich vornimmt und ausführt." (Luther 2017 [1525]: S. 27).

Dabei versucht Luther sich noch gegen einen universalen Determinismus abzugrenzen und dem Menschen zumindest eine bedingte Freiheit einzuräumen (vgl. Lohse 1995: S. 186), verfängt sich dabei aber in unauflösbaren Widersprüchen, wie Steinacker ausführt (vgl. Steinacker 2009: S. 147). Auch Keil kommt zu dem Schluss, dass die Prädestinationslehre einen echten Determinismus darstellt, die keinen Spielraum für menschliche Willensfreiheit lässt (vgl. Keil 2017: S. 24).

Während der theologische Determinismus seine Modalitätsquelle in einem allmächtigen Gott findet, gründet sich der naturwissenschaftliche Determinismus in der Annahme, dass man durch Kenntnis der Naturgesetze die Zukunft vorausberechnen könne (vgl. Keil 2017: S. 33). Der bekannteste frühe Vertreter eines solchen Determinismus ist Pierre-Simon Laplace, der 1812 den nach ihm getauften laplaceschen Dämon in die Diskussion einführte:

> „Eine Intelligenz, welche für einen gegebenen Augenblick alle in der Natur wirkenden Kräfte sowie die gegenseitige Lage der sie zusammensetzenden Elemente kennte, und überdies umfassend genug wäre, um diese gegebenen Größen der Analysis zu unterwerfen, würde in derselben Formel die Bewegungen der größten

Weltkörper wie des leichtesten Atoms umschließen; nichts würde ihr ungewiss sein und Zukunft wie Vergangenheit würden ihr offen vor Augen liegen"

(Laplace 1932 [1812]: S. 1f.)

Karl Popper, ein vehementer Gegner einer solchen Vorstellung, knüpft seine Kritik vor allem an die praktische Unmöglichkeit einer solchen Voraussagbarkeit. Ein endlicher Akteur (und nimmt man keinen metaphysischen Gott an, gibt es nur endliche Akteure) könne nie die Präzision erreichen, noch ihren notwendigen Grad vorhersagen, um eine exakte Vorhersage gewährleisten zu können (vgl. Popper 1991: S. 10ff.).
Wie aber schon im Zusammenhang mit dem theologischen Determinismus gezeigt wurde, hat Vorauswissen nur indirekt etwas mit Determinismus zu tun. Wichtig ist, ob die zugrundeliegende Modalität zutrifft oder nicht. Wenngleich Poppers Kritik also hinkt, weil der laplacesche Dämon nur ein Gedankenexperiment und keine logische Notwendigkeit für einen Determinismus ist (vgl. Hoefer 2016: k.S.), erwähnt er einen anderen wichtigen Punkt. Nicht allgemein die Geltung der Naturgesetze, sondern ein Kausalprinzip, dass eine eindeutige Deduktion aus Ursache, Gesetz und Wirkung zulässt, werde vom Determinismus erfordert (vgl. Popper 1991: S. 10).

2.1.2 Das Kausalprinzip

Die deterministische Position ist allerdings nicht deckungsgleich mit dem Kausalprinzip, das für jede Wirkung eine Ursache fordert. Das Verhältnis zwischen Ursache und Wirkung könnte auch probabilistischer Natur, also kausal aber uneindeutig, sein.
Neben dem weiteren Einwand, dass auch nichtkausale Sukzessionsgesetze einen Determinismus begründen könnten (vgl. Walter 2016: S. 82), bemerkt Keil, dass die fundamentalen Naturgesetze gar keine Sukzessionsgesetze sind und somit untauglich für eine kausale oder deterministische Argumentation (vgl. Keil 2017: S.39). Ganz allgemein seien Naturgesetze keine bewiesenen Wahrheiten, sondern nur approximative Modellierungen, die stets falsifiziert werden können und dies auch immer wieder würden (vgl. Keil 2017: S. 37).
Das Kausalprinzip liegt dabei noch etwas tiefer. Es leitet sich laut Kant nicht aus der Erfahrung ab, sondern sei ein sogenanntes synthetisches Gesetz a priori, das Erfahrung erst möglich mache (vgl. Kant und Timmermann 1998 [1781]: S. 252). Das führt logisch notwendig dazu, dass das Kausalgesetz nicht nur, wie alle Naturgesetze und allgemeiner alle universal gültigen Behauptungen nicht beweisbar, sondern zusätzlich auch unwiderlegbar ist, da die Unsichtbarkeit eines Kausalzusammenhangs, wie bei allen Existenzbehauptungen, unmöglich dessen Nichtexistenz beweisen kann (vgl. Stegmüller 1960: S. 188).
Kant ist in seiner Philosophie über die Möglichkeit synthetischer Urteile a priori durch Hume inspiriert, der durch das Aufwerfen des sogenannten Induktionsproblems eben solche in Frage gestellt hatte (vgl. De Pierres und Friedman 2018: k.S.). Anders als

Kant, der die Naturgesetze und die Kausalität unbedingt vor Humes Kritik retten wollte (vgl. Keil 2017: S. 176), stellt Lewis 200 Jahre später die Diskussion vom Kopf auf die Füße, indem er in Anlehnung an Hume seine Theorie der humeschen Supervenienz postuliert.

In dieser Theorie gibt es nur raumzeitliche Qualitäten von einzelnen Punkten, die unter bestimmten Voraussetzungen beispielsweise als Kausalbeziehung kategorisiert werden können. Daraus abgeleitete Regularitäten bleiben aber fundamental kontingent. Die Gesetze und Regularitäten der Welt hängen demnach also von den Dingen und Ereignissen ab und nicht umgekehrt (vgl. Lewis 1987 z.n. Esfeld 2008: S. 325f.).

Die Annahme eines mechanistischen, also laplaceschen Determinismus, der durch die Geltung des Kausalprinzips und der Naturgesetze wahr wird, ist also mehr als fraglich. Das allein schließt einen Determinismus, der reduziert als die Annahme, dass zwei exakt gleiche Universen sich identisch verhalten, beschrieben werden kann, nicht aus. Nur ist diese Annahme genauso wenig verifizierbar oder widerlegbar, wie ihre modal verstärkten Varianten (vgl. Keil 2017: S. 42).

2.1.3 Indeterminismus

Die gegenteilige Annahme zum Determinismus wird Indeterminismus genannt. Der Indeterminismus geht davon aus, dass verschiedene Zeitverläufe möglich sind. Ähnlich wie beim Determinismus sind dafür verschiedene modale Annahmen möglich. Neben der grundsätzlichen Gesetzesskepsis (vgl. Kapitel 2.1.2.), also der Annahme, dass ein Determinismus gar nicht überzeugend begründet werden kann oder wie Swartz schreibt, ein Ereignis auch immer das erste des daraus resultierenden Gesetzes sein kann (vgl. Swartz 2003: S. 144), gibt es hauptsächlich noch das Argument der Quantenphysik.

Die Quantenphysik ist eine Erweiterung der klassischen Physik, die Anfang des 20. Jahrhundert notwendig wurde, um bestimmte physikalische Phänomene erklären zu können. Ein zentraler Punkt der Quantenphysik ist, dass die Position von einzelnen Teilchen im Raum nur als Wahrscheinlichkeitsfunktion beschrieben werden kann (vgl. Maudlin 2005: S. 464).

Diese von Werner Heisenberg beschriebene Unschärferelation verhindert die gleichzeitige Bestimmung von Ort und Impuls eines Teilchens. Die bekannteste Interpretation der Quantenmechanik ist die Kopenhagener Deutung, die von einem basalen Zufallsprinzip im Universum ausgeht und somit eine indeterministische Weltsicht impliziert (vgl. Walter 2016: S. 27).

Im Normalfall mitteln sich diese Zufälle gemäß dem Gesetz der großen Zahlen aus, sodass zumindest ein approximativer Determinismus vorstellbar bleibt. Ein berühmtes Gedankenexperiment von Erwin Schrödinger versinnbildlicht, wie diese normalerweise nur auf Ebene der Atome anwendbare Beschreibung durch Wahrscheinlichkeitsfunktionen in die makroskopische Welt transferiert und somit auch dort bedeutsam werden kann. In diesem Gedankenexperiment wird eine Katze in einen Karton gesperrt und ein ebenfalls im Karton befindliches Giftgas wird freigesetzt, sobald ein durch einen atomaren Zerfall gesteuerter Mechanismus aktiviert wird.

Der atomare Zerfall ist ein klassisches Beispiel für einen quantenmechanischen Vorgang, bei dem man sagen kann, mit welcher Wahrscheinlichkeit beispielsweise ein Neutron emittiert wird, aber nie sicher sein kann, wann genau. Die Frage, ob die Katze also bereits tot ist oder nicht, lässt sich ebenfalls nur mit einer Wahrscheinlichkeit beantworten. Schrödinger selbst hielt diese Vorstellung für absurd, dennoch entspricht diese Interpretation der Meinung der Mehrzahl der Wissenschaftler. In der Kopenhagener Deutung entscheidet sich erst im Moment der Messung, welche Möglichkeit realisiert wird (vgl. Maudlin 2005: S. 467).

Die Kopenhagener und damit eine indeterministische Deutung ist aber nicht die einzige Interpretation der Quantenphysik, wenn auch die am meisten verbreitete. Andere Interpretationen, die beispielsweise verborgene Variablen postulieren, wären auch mit einem Determinismus vereinbar (vgl. Maudlin 2005: S. 465).

Ein weiterer Einwand gegen die Bedeutung des quantenphysikalischen Indeterminismus ist das Argument des bereichsspezifischen Makrodeterminismus. Dieses behauptet, dass sich der quantenphysikalische Indeterminismus in den freiheitsrelevanten Bereichen, wie dem Gehirn, nicht auf die Makroebene auswirke (vgl. Walter 2016: S. 28). Abgesehen davon, dass diese Annahme ähnlich wie der allgemeine Determinismus eine weitgehend unbegründete Annahme sei (vgl. Walter 2016: S. 80), sei diese auch logisch inkonsistent, da auch ein in sich deterministisches System nicht kausal abgeschlossen sei und somit durch äußere Quellen indeterministisch werde (vgl. Walter 2016: S. 228).

2.2 Inkompatibilismus und Kompatibilismus

Aus der Diskussion um den Determinismus ergeben sich für die Diskussion um den freien Willen zwei Positionen. Die eine hält einen Determinismus und den freien Willen für unvereinbar und wird Inkompatibilismus genannt, während Kompatibilisten keinen grundlegenden Widerspruch sehen.

Inkompatibilisten, die an einen Determinismus glauben, werden auch harte Deterministen genannt. Sie halten den freien Willen für nichtexistent. Libertarier glauben an den freien Willen, sind aber ebenso Inkompatibilisten und lehnen daher einen Determinismus ab. Die dritte inkompatibilistische Position ist der harte Inkompatibilismus, der auch in einer indeterministischen Welt die Annahme eines freien Willens ablehnt (vgl. Griffith 2013: S. 25).

Kompatibilisten teilen sich in weiche Deterministen, die einen Determinismus für gegeben und unter Umständen sogar für wesentlich halten, und agnostische Kompatibilisten, die die Determinismusfrage für unbeantwortet bzw. teilweise irrelevant befinden (vgl. ebd.). Walter ergänzt seine Kategorisierung um die Variable, dass man, obwohl man Determinismus und Freiheit prinzipiell für vereinbar hält, aus anderen Gründen die Willensfreiheit ablehnen oder ihr skeptisch gegenüberstehen kann (vgl. Walter 2016: S. 70). Im Folgenden sollen einige wichtige Theorien der verschiedenen Standpunkte vorgestellt werden.

2.2.1 Harter Determinismus

Wie bereits erläutert wurde, spricht einiges gegen die Annahme eines absoluten Determinismus. Freiheitsskeptiker würden deshalb mittlerweile eher mit einem Indeterminismus oder einem bereichsspezifischen Determinismus argumentieren, sodass die ursprünglich weit verbreitete Position des harten Determinismus mittlerweile nur noch vereinzelt und oft abgeschwächt vertreten werde (vgl. Walter 2016: S. 54).

Eine dieser Ausnahmen bildet Ted Honderich, emeritierter Professor für Philosophie des Geistes am London University College. Er verteidigt Kants Annahme eines universell gültigen Kausalprinzips. Wenngleich Honderich nicht bestreitet, dass Kausalität und die Determiniertheit dieser schlichtweg nicht beweisbar sind, beharrt er auf seinen Intuitionen. Gegen probabilistische Annahmen der Quantenphysik führt er jedoch ausschließlich makroskopische und simple mechanische Gegenbeispiele, wie das Anzünden eines Streichholzes, an (vgl. Honderich 2011: S. 5f.). Holderich beruft sich also in Bezug auf die Quantenphysik auf einen Makrodeterminismus und führt seine lebensweltliche Erfahrung als Argument für die Richtigkeit deterministischer Interpretationen dieser an.

Die Gültigkeit des Determinismus leitet Honderich vor allem daraus ab, dass er nicht widerlegt werden konnte. Interessanterweise setzt er hier klassischen Determinismus und quantenmechanischen Indeterminismus gleich, indem er sagt, dass beide Theorien seien und Theorien zwar gut funktionierten, aber trotzdem inkorrekt sein könnten. Während er der Indeterminismusthese aber das Fehlen eines Beweises ankreidet, hält er diesen für die Determinismusthese anscheinend für nicht notwendig (vgl. Honderich 2011: S. 7). Wie oben bereits erläutert wurde, können kombinierte All- und Existenzbehauptungen aber weder widerlegt noch bewiesen werden, was Honderichs Argument hinfällig und vor allem einseitig macht. Die teilweise Vorhersagbarkeit eines Systems widerlegt nicht die Möglichkeit einer Unvorhersehbarkeit und eine subjektive Unvorhersehbarkeit beweist nicht, dass beispielsweise verborgene Variablen existieren (vgl. Kapitel 2.1.2.).

Honderichs theoretischer Unterbau basiert also eher auf unbeweisbaren Annahmen und Intuitionen, was in dieser metaphysischen Debatte durchaus legitim ist. Interessanter sind aber seine Beweggründe, mit denen er sein vehementes Eintreten für die Determinismusthese begründet. Seine sozialpsychologisch anmutenden Thesen verbinden den Glauben an einen freien Willen mit tiefsitzenden Lebenshoffnungen, dem Verständnis von personalen Beziehungen und Moral. Die Annahme des Determinismus bringe all diese Vorstellungen ins Wanken, sodass die Menschen mit Entsetzen (orig. dismay) und Ablehnung der gesamten These reagieren oder sich in eine Uneinsichtigkeit (orig. intransigence) über deren Konsequenzen zurückziehen würden (vgl. Honderich 2011: S. 14).

Doyle ordnet diese von Honderich genannten Reaktionen den bekannten Positionen zu, nachdem die entsetzten Ablehner eine libertarische Position und die bezüglich der Konsequenzen Uneinsichtigen eine kompatibilistische Position einnähmen (vgl. Doyle 2011: S. 285f.). Ihre Schwäche sei gleichzeitig die Ignoranz der jeweils anderen Attitüde. Libertarier würden den Untergang der Moral befürchten und dabei ignorieren, dass viele Kompatibilisten beides in Einklang bringen können. Diese würden wiederum fälschlicherweise behaupten, dass sich durch die Annahme des Determinismus nichts verändern würde, wenngleich diese offensichtlich die Hoffnung auf ursprüngliches Handeln (orig. origination) zerstören würde (vgl. ebd.).

Honderich schlägt eine pragmatische Anerkennung des Determinismus vor, die einerseits das Entsetzen über den Wegfall elementarer Lebenshoffnung nicht leugnet und andererseits versucht, verbleibende Quellen von Verantwortungsgefühl auszuschöpfen (vgl. Honderich 2011: S. 13ff.). Freiheit sei als Dualismus aus Freiwilligkeit und Originalität konzipiert, falle Originalität durch den Determinismus weg, müsse man eben neu konzipieren. Libertarier sähen die gesamte Freiheit in Gefahr, weil sie sie einseitig als Schöpferkraft interpretierten, während Kompatibilisten sie einseitig mit Freiwilligkeit verknüpften und so die Probleme der Determinismusannahme übersähen (vgl. Honderich 2002: S. 96f.).

2.2.2 Harter Inkompatibilismus

Schon bei Honderich klingt die Idee an, dass auch die Existenz eines Indeterminismus möglich ist, dieser jedoch irrelevant ist. Harte Inkompatibilisten gehen davon aus, dass es gänzlich egal ist, ob die Welt deterministisch oder indeterministisch ist. Entweder, weil sie glauben, dass quantenphysikalische Prozesse keine relevanten Auswirkungen auf die Makroebene haben oder weil sie glauben, dass auch eine indeterministische Kausalwirkung keinen Raum für Freiheit gebe, da uns schlicht die Kontrolle über sie fehle (vgl. Griffith 2013: S. 72).

Derk Pereboom unterscheidet zwischen Urheberschaftssinkompatibilismus und Spielrauminkompatibilismus (orig. source/leeway i.) (vgl. dazu auch Timpe 2007: S. 143f.), wovon er den ersteren vertritt, wodurch sich erklären lässt, warum Pereboom die Frage nach dem Determinismus für irrelevant hält. Der Spielrauminkompatibilismus geht davon aus, dass die Freiheit davon abhängt, ob man eine Wahl hat und deshalb nur einen Determinismus für freiheitsunverträglich hält. Pereboom glaubt hingegen, dass Urheberschaft das eigentliche Problem ist, weil er Wahlfreiheit in Übereinstimmung mit kompatibilistischen Argumenten für nicht notwendig hält (vgl. Fischer et al. 2007: S. 91 / Kapitel 2.2.3.). Kausale Urheberschaft sei hingegen auch in einem indeterministischen Universum ein Problem. Von den libertarischen Ansätzen (siehe Kapitel 2.2.4.), die dieses Problem erklären wollen, hält er nur den akteurskausalen Ansatz für theoretisch tragfähig. Andere Ansätze seien durch Zufälligkeit bestimmt, in ihnen verschwinde der Akteur (vgl. Fischer et al. 2007: S. 103) oder wie Griffith es fasst: Nur im akteurskausalen Ansatz fielen Vernunft und Ursache zusammen (vgl. Griffith 2013: S. 69f.).

Pereboom ist jedoch der Auffassung, dass es keine Evidenz für unvorhersehbare Akteure gebe. Denn auch in einem probabilistischen Universum müsste man akteurskausal verursachte Abweichungen vom Erwartungswert messen können (vgl. Fischer et al. 2007: S. 112).

2.2.3 Kompatibilismus

Kompatibilisten halten uns trotz oder gerade wegen des Determinismus' für frei. Dabei legen sie einen bescheideneren Freiheitsbegriff an, der vor allem durch Argumente unterfüttert wird, die beweisen sollen, dass es uns nicht auffallen würde, wenn wir bewiesenermaßen unfrei wären. Schopenhauers berühmtes Zitat „der Mensch kann zwar tun, was er will, aber er kann nicht wollen, was er will"[2] macht deutlich, dass eine gänzlich unbedingte Freiheit schwer vorstellbar ist, sie scheint in einen infiniten Regress zu führen, da es immer höherstufige Willensbildungsprozesse geben müsste. Bei Schopenhauer ist der Wille daher etwas Metaphysisches, der den Menschen einfach zukommt und mit Motiven versehen wird, der aber selbst motivlos ist. Wir seien ihm ausgeliefert und könnten ihn nicht hintergehen (vgl. Schopenhauer 2014 [1856]: S. 626).

Obwohl Schopenhauer durch die Einführung eines metaphysischen Weltwillens das Problem der Willensfreiheit nur wenig zufriedenstellend zu lösen scheint, erkennt er das Problem der Mehrstufigkeit des Willens. Allerdings wendet Keil natürlich zu Recht ein, dass es sehr wohl höherstufige Willensebenen gibt (vgl. Keil 2017: S. 3), die Frage nach der genuinen Ursache bleibt jedoch bis heute ein philosophisches Thema.

Anders scheint dies bei David Hume zu sein, der allgemein zu den klassischen Kompatibilisten gezählt wird (vgl. Keil 2017: S. 67). Seine Definition von Freiheit erschöpft sich vollständig in der Freiheit von äußeren Zwängen. Willensfreiheit wird hier synonym mit Handlungsfreiheit gebraucht, wie auch Kulenkampff in seiner Hume-Exegese feststellt (vgl. Kulenkampff 2013: S. 138f.).

---

[2] Dieses Zitat wird Schopenhauer allgemein zugeschrieben, zitierfähig überliefert ist allerdings nur eine umständlichere Variante in Schopenhauer, Arthur. (1978). Preisschrift über die Freiheit des Willens. Hamburg: Felix Meiner, S. 58-59

Wie in Kapitel 2.1.2. dargestellt, hat Hume die allgemeine Beweisbarkeit des Kausalprinzips in Frage gestellt, wenngleich er von dessen Zuverlässigkeit ausging (vgl. auch Kulenkampff 2013: S. 145).

Dieser auf Regelhaftigkeit basierende Determinismus ist in seiner Konsequenz weicher, da er Abweichungen nicht ausschließt, sondern eher auf dem Prinzip ‚Ausnahmen bestätigen die Regel' basiert (vgl. Walter 2016: S. 62).

Für Hume gilt alles als kausal determiniert, das eine „constant conjunction of similar objects, and the consequent inference from one to the other" aufweist (Hume und Beauchamp 1999 [1748]: S. 150). Dieser empirische Determinismus erfordert dabei immer eine geeignete Beobachtungsquelle, die Hume im alltäglichen Umgang mit uns selbst und unseren Mitmenschen zu finden glaubt. Aus diesen „universal principles of human nature" (ebd.) folgert er einen psychologischen Determinismus, der postuliert, dass sich menschliches Verhalten regelbasiert beschreiben lässt (vgl. Kulenkampff 2013: S. 150).

Laut Kulenkampff widerspricht sich Hume in diesem Punkt leicht, da er immer wieder auch betone, wie komplex und unvorhersehbar menschliches Verhalten sei. Die benennbaren Faktoren wie Charakter, Neigungen und Motive seien laut Kulenkampff eben nicht als eindeutiger Mechanismus beschreibbar, sondern allenfalls als loser Zusammenhang (vgl. Kulenkampff 2013: S. 151). Laut Kulenkampff schreckt Hume dabei vor der offensichtlichen Schlussfolgerung zurück, die Habermas später (vgl. Kapitel 2.2.5.) explizit macht: Moral und Freiheit sind vor allem von der Perspektive abhängig und somit relativ (vgl. Kulenkampff 2013: S. 143).

Hume ist des Weiteren der Ansicht, dass die Determination aus nachvollziehbaren Motiven und Gründen notwendig für unsere Freiheit sei, da unsere Handlungen ansonsten zufällig und außer Kontrolle wären. Freiheit benötigt demnach einen Determinismus, da unsere Handlungen nur so auch uns zurechenbar seien. Freiheitsgefährdend sei nur äußerer Einfluss und Behinderung (vgl. Hume und Beauchamp 1999: S. 41).

Wie bereits erwähnt, übersieht Hume dabei, dass ein Mensch auch durch innere Konflikte eingeschränkt sein kann. Laut Kulenkampff wäre diese innere Freiheit leicht in Humes Theorie zu integrieren, als Fähigkeit, die eigenen Motive und Neigungen im Hinblick auf langfristige Ideale zu reflektieren (vgl. Kulenkampff 2013: S. 139).

Eine moderne Variante des Kompatibilismus, der auch diese innere Freiheit berücksichtigt, stammt von Harry Frankfurt. Er schlägt den Begriff der höherstufigen Wünsche vor, um den menschlichen Willensbildungsprozess besser abbilden zu können. Wichtig für einen freien Willen sei die Identifikation mit den eigenen Wünschen. Diese Reflektionsfähigkeit sei es, die den Menschen vom triebhaften Tier unterscheide und ihn frei mache (vgl. Frankfurt 1988a: S. 128f.).

In Humes Modell ist ein Raucher frei, wenn ihn niemand am Rauchen hindert oder ihn dazu zwingt. In Frankfurts Modell muss der Wunsch erster Ordnung, „Ich will rauchen", dessen Gelingensbedingungen sich auf nicht-mentale Umstände beziehen, durch einen Wunsch zweiter Ordnung reflektiert werden. Die Freiheit des Willens sieht Frankfurt (neben der äußeren Freiheit) in sogenannten Volitionen zweiter Ordnung. Dies sind Wünsche zweiter Ordnung, die sich auf die Handlungswirksamkeit von Wünschen erster Ordnung beziehen und auch stark genug sind sich durchzusetzen. Dies kann sich auf die Vermeidung einzelner oder die Rangordnung verschiedener Wünsche erster Ordnung beziehen (vgl. Frankfurt 1988a: S. 132).

Ein, zumindest im Inneren, freier Mensch zeichnet sich laut Frankfurt durch eine Ernsthaftigkeit (orig. wholeheartedness) seiner Willensbildung aus. Mit dem Begriff der Ernsthaftigkeit reagiert Frankfurt auch auf das Problem des Regresses, das Schopenhauer durch den metaphysischen Willen auflösen wollte. Sobald meine Wünsche verschiedenster Ordnung miteinander im Einklang stehen, wird eine höherstufige Reflektion unnötig (vgl. Frankfurt 1999: S. 106).

Kompatibilistisch ist an dieser Position vor allem der Umstand, dass es für Frankfurt egal ist, woher diese höherstufigen Wünsche kommen und ob sie alternativlos sind. Als Beispiel führt Frankfurt das berühmte, Luther zugeschriebene Zitat[3] „Hier stehe ich, ich kann nicht anders." an, welches Luthers empfundene Alternativlosigkeit wiederspiegele, ohne einen gefühlten Freiheitsverlust zu suggerieren. Frankfurt nennt solche Situationen *volitional notwendig,* weil sie den Betroffenen als einzige Option erscheinen, sie aber gerade deshalb als Ausdruck einer Willensstärke interpretiert würden (vgl. Frankfurt 1988b: S. 86f.). Gerade weil in mir kein innerer Konflikt über verschiedene Handlungsoptionen herrscht, bin ich frei.

In den sogenannten Frankfurt-Fällen erläutert Frankfurt, wie diese Freiheit sogar unberührt bleibt, selbst wenn faktisch kein anderes Verhalten möglich ist. Eines dieser Beispiele lautet: Person A hat Person B ohne deren Wissen ein Gehirnimplantat eingesetzt, mit dessen Hilfe sie Person B kontrollieren kann. Person B agiert aber vollständig so, wie von Person A gewollt, sodass diese nie interveniert. Frankfurt argumentiert, dass wir in diesem Fall Person B für moralisch verantwortlich halten, obwohl er de facto keinen Handlungsspielraum besaß (vgl. Frankfurt 1969: S. 835f.). Gegen diese Argumentation wurde mitunter eingewandt, dass Person A erst reagieren könne, wenn Person B bereits eine alternative Handlung angestoßen habe, Frankfurts Argument sei daher nur richtig, wenn Person B sowieso in einem Determinismus gefangen sei, dann aber irrelevant (vgl. Palmer 2011: S. 262).

---

[3] Malessa (2015) kritisiert eine weitverbreitete Falschzuschreibung dieses Zitats, dass so nicht protokolliert sei.

Pereboom schlägt deshalb eine Variante dieses Gedankenexperiments vor, die seiner Meinung nach unabhängig von der Frage nach dem Determinismus funktioniere. In seinem Beispiel denkt Person A darüber nach, einen Steuerbetrug zu begehen. Außer einer moralischen Volition zweiter Ordnung sich an Recht und Gesetz zu halten, gäbe es weder eine Sorge erwischt zu werden noch andere Motive, den Steuerbetrug nicht zu begehen. Seine moralische Volition zweiter Ordnung ist jedoch nur notwendig, aber nicht hinreichend, um ihn von seinem Vorhaben abzuhalten. Nehme man einen libertarischen freien Willen an, könnte er sich genauso gut für beide Optionen entscheiden, da zwei gleichstarke Wünsche gegeneinanderstehen. Wie in Frankfurts Beispiel hat Person A jedoch ein Gehirnimplantat, das seine Entscheidung zugunsten des Steuerbetrugs beeinflusst, sobald der höherstufige Wille moralisch zu sein, genügend Aufmerksamkeit bekommt, um potenziell handlungswirksam zu werden. Da dies nicht passiert, bleibt das Gehirnimplantat inaktiv (vgl. Fischer et al. 2007: S. 90f.).

Laut Pereboom ist der entscheidende Unterschied zu Frankfurts Beispiel die Robustheit der alternativen Handlungsoption. Pereboom definiert eine robuste Handlungsoption als solche, die für einen Akteur als moralisch relevante Option erscheint. Nur wenn mein Anderskönnen mir als Möglichkeit erscheint, ändere dies etwas an meiner moralischen Verantwortlichkeit. Dadurch, dass die Option in seinem Beispiel nur notwendig, aber nicht hinreichend sei, sei diese folglich nicht robust und somit irrelevant (vgl. Fischer et al. 2007: S. 89).

Zwar äußert Palmer berechtigte Zweifel daran, ob Perebooms Beispiel strenggenommen wirklich die Irrelevanz von alternativen Handlungsmöglichkeiten für die moralische Verantwortlichkeit beweist, da Person A schon zum Zeitpunkt des Nichtdirektentscheidens einen alternativen Weg beschreite (vgl. Palmer 2011: S.265ff.). Dennoch scheint es eine relevante Frage zu sein, welche robusten Handlungsoptionen uns zu welchem Zeitpunkt bewusst werden. Insbesondere, wie auch Palmer anführt, da sich Entscheidungsfindung höchstwahrscheinlich unbewusst anbahnt, sodass sein Argument, dass die intervenierende Instanz erst einschreiten kann, wenn die alternative Handlungsoption bereits beginnt sich zu realisieren, seine Kraft verliert (vgl. Palmer 2011: S. 271). Es scheint als ginge Pereboom stillschweigend davon aus, dass die Robustheit einer Handlungsoption damit einhergeht, dass sie auch wahrgenommen wird und nicht nur theoretisch als relevant betrachtet würde. Palmer stellt hingegen eher prinzipiell die Möglichkeit einer solchen pseudodeterministischen Entscheidungsfindung in Frage.

Auch unter Kompatibilisten ist die Frage, ob Freiheit ohne alternative Möglichkeiten überhaupt denkbar ist, umstritten. Fischer führt daher für seine Position den Begriff des Semikompatibilismus ein, in dem er die Frage nach einer Freiheit im libertarischen Sinn für ungeklärt hält, diese aber getrennt von der Frage nach einer moralischen Verantwortlichkeit versteht (vgl. Fischer et al. 2007: S. 59). Freiheit und Verantwortlichkeit seien an zwei Arten der Kontrolle gekoppelt, die sich oft überschneiden würden, aber prinzipiell auch isoliert betrachtet werden könnten. Für moralische Verantwortlichkeit sei sogenannte Führungskontrolle ausreichend, während Freiheit regulative Kontrolle erfordere. Erstere sei auch in einem deterministischen Universum denkbar und zeichne sich durch eine Verknüpfung von Gründen und Handlung aus, wobei diese ausdrücklich nicht bewusst, explizit oder reflektiert sein muss (vgl. Fischer und Ravizza 1999: S. 243). Zusätzlich müsse der Mechanismus der Entscheidung zum Akteur gehören und entsprechend wahrgenommen werden (vgl. Fischer 2007: S. 79).

Die Frankfurtfälle und auch Pereebooms Alternative seien vielleicht keine perfekten Beispiele für Führungskontrolle ohne jegliche regulative Kontrolle, das beweise aber nicht die prinzipielle Unmöglichkeit eines solchen Szenarios (vgl. Fischer et al. 2007: S. 60). Gerade der Umstand, dass Kritiker der frankfurtschen Argumentation sich an möglichen minimalen Lücken der regulativen Freiheit abarbeiten würden, um die moralische Verantwortung herzuleiten, beweise die argumentative Schwäche dieser Kritik (vgl. ebd.).

Fischer bestreitet also nicht die philosophische Relevanz der Frage nach dem Determinismus und der damit verbundenen Möglichkeit alternativer Handlungsmöglichkeiten. Entgegen der Meinung anderer Kompatibilisten würde die Wahrheit des Determinismus durchaus etwas ändern (vgl. auch Honderich in Kapitel 2.2.1.). Wir müssten die Idee aufgeben einen Unterschied machen zu können, könnten unserem vorgezeichneten Lebensweg aber trotzdem Sinn und Ausdruck verleihen (vgl. Fischer et al. 2007: S. 82).

Interessant ist dabei vor allem der Hinweis darauf, dass es von der Gewöhnung und Sozialisation abhängt, für welche Art von Mechanismen wir bereit sind, Verantwortung zu übernehmen. Aus dieser historischen Perspektive ist moralische Verantwortung zuallererst davon abhängig, was kontextuell als zurechenbarer Mechanismus gilt (vgl. Fischer und Ravizza 1999: S. 230 / Kapitel 4.1.).

2.2.4 Libertarismus

Der Libertarismus spaltet sich in drei bekannte Positionen, die auf leicht unterschiedliche Weise versuchen zu erklären, wie freier Wille zustande kommt. Griffith nennt diese drei Varianten simplen Indeterminismus, ereigniskausalen und akteurskausalen Libertarismus (vgl. Griffith 2013: S. 59).

Ersterer besagt, dass unsere willentlichen Handlungen ohne kausale Ursache sind. Menschen kommt in diesem simplen Indeterminismus, wie ihn Carl Ginet vertritt, die Fähigkeit zu, akausal zu handeln. Nur so sei es möglich, dass wir unsere Handlungen als verbunden mit der Vergangenheit, aber nicht durch sie determiniert sähen (vgl. Ginet 1990: S. IX). Ginet argumentiert, dass grundlegende Handlungen nur intentional begriffen werden können. Diese seien in ihrer phänomenologischen Qualität *actish* und könnten damit nur als frei und damit indeterminiert verstanden werden (vgl. Ginet 1990: S. 25). Wenngleich Ginet sich als Indeterminist versteht, scheint er die grundsätzliche Gültigkeit des Kausalprinzips nicht in Frage zu stellen, sondern nur gezielt nach Ausnahmen zu suchen, die den freien Willen ermöglichen.

Vielversprechend erscheint ihm, wie vielen anderen, die Quantenphysik. So spekuliert er über spezielle indeterministische Prozesse in unseren Gehirnen, die uns zu freien Agenten machen (vgl. Ginet 1990: S.94). Im Gegensatz zu anderen libertarischen Ansätzen macht Ginet jedoch keine konkreten Vorschläge, wie das möglich sein könnte und scheint allgemein Indeterminiertheit mit Akausalität gleichzusetzen, was nicht der verbreiteten Lesart der Quantenphysik entspricht. Ginet scheint in erster Linie von einem phänomenologischen Standpunkt zu argumentieren, der die wahrgenommene Wahrheit der Möglichkeit von echter Urheberschaft als solche verteidigt. Kohärente Erklärungsmodelle scheinen dagegen eher nebensächlich.

Wie Griffith weiter ausführt, ist es unklar, wie beispielsweise Gründe bei einer freien Entscheidung eine Rolle spielen können, wenn diese doch akausal sein sollen. Insbesondere erkläre Ginet nicht, wie aus bloßer Indeterminiertheit kontrolliertes Verhalten werde (vgl. Griffith 2013: S. 105).

Einen deutlich konkreteren Vorschlag, wie indeterministische Prozesse auf Quantenebene einen freien Willen ermöglichen könnten, macht Robert Kane. In seinem ereigniskausalen Ansatz setzt er sich intensiver als Ginet mit dem Problem der Kontrolle auseinander. Für ihn ist die hauptsächliche Herausforderung des Libertariers, wie man erklärt, dass eine Handlung nicht nur frei ist, sondern auch in einem moralisch verantwortlichen Sinn bei uns steht, ohne dabei ins Mystische und Unklare zu flüchten (vgl. Fischer et al. 2007: S. 9).

Anders als Pereboom glaubt Kane dieses Problem der Urheberschaft, oder wie er es nennt der „ultimative[n] Verantwortung" (Fischer et al. 2007: S. 14), lösen zu können. Kane führt aus, dass es für einen freien Willen ausreicht, dass wir an entscheidenden Punkten anders hätten entscheiden können. Führen diese *self-forming actions* in Zukunft zu durch sie determinierten Verhalten, sei dieses uns weiterhin moralisch zurechenbar. Kane glaubt also im Gegensatz zu Ginet nicht an einen akausalen Willen, der sich aus dem Nichts formt, sondern daran, dass das Gehirn in der Lage ist, in Entscheidungsmomenten, die auf der Kippe stehen, indeterministische Prozesse zwischenzuschalten. Unsere Entscheidungsprozesse bleiben demnach kausal, eignen sich aber unter Umständen eine quantenphysikalische Probabilität an und würden so frei (vgl. Fischer et al. 2007: S. 26f.).

Kritiker von Kanes Modell des Gehirns, als sich selbst indeterminierendes Organ, wenden ein, dass der bloße Umstand, dass bei uneindeutigen Entscheidungen gewürfelt wird, noch keinen freien Willen garantiert. Das Problem des Zufalls und damit der Urheberschaft sei weiterhin ungelöst (vgl. Walter 2016: S. 57).

Auch Kane gesteht ein, dass echte Urheberschaft metaphysische Extra-faktoren benötigen könnte. Jedoch habe gerade die Einführung solcher obskuren Akteure, die wissenschaftlich unerreichbar sind, zum Verruf des Libertarismus geführt (vgl. Fischer et al. 2007: S. 25). Kane plädiert stattdessen für einen weitestmöglichen Verzicht auf solche transempirischen Begründungen und fordert stattdessen, das Konzept von Verantwortlichkeit vor dem Hintergrund eines Indeterminismus neu zu verhandeln (vgl. Fischer et al. 2007: 26ff.).
Er argumentiert, dass obwohl in seinem Modell niemand vorher entscheidet, welche Aktion ausgeführt wird, die eigentliche Aktion dennoch eine willentliche sei. Die Aktion selbst sei frei, da indeterminierte Zufallsprozesse verschiedene Resultate möglich machen würden. Gleichzeitig seien aber alle Optionen durch vernünftige Gründe bedingt und in ihrer Wahrscheinlichkeit entsprechend gewichtet (vgl. Fischer et al. 2007: S. 29f.).
Kane erläutert dies am Beispiel einer Geschäftsfrau, die dringend zu einem wichtigen Meeting muss, auf dem Weg dorthin aber in die Verlegenheit kommt Nothilfe zu leisten, was dazu führen würde, dass sie den Termin verpasst. Sie hat starke Motive für und gegen die Nothilfe und die Entscheidung fällt ihr schwer. Laut Kane wird nun dieses Schwerfallen im Gehirn durch indeterministische Prozesse repräsentiert, in denen sich ein Wille durchsetzt (vgl. Fischer et al. 2007: S. 26f.). Obwohl Kane dieses Durchsetzen mit einer Anstrengung (orig. effort) gleichsetzt, bleibt unklar, warum man ihr diese Entscheidung zurechnen sollte.
Würde die Zeit zurückgedreht, könnte sich der gleiche Mensch komplett anders entscheiden, sodass wir offensichtlich auch hier dem Zufall ausgeliefert wären (vgl. Walter 2016: S. 56). Doyle wiederum argumentiert, Kane verteidigend, dass unsere intuitive Ablehnung des Zufalls vielleicht unbegründet sei. Vielleicht sei gerade die gesunde Mischung aus determinierter Vernunft und einer Prise Zufall das, was den freien Willen ausmache (vgl. Doyle 2011: S. 174f.).
Angenommen der Charakter, die Umwelt und alle die Person sonst determinierenden Faktoren führten dazu, dass im Gehirn die Schlussfolgerung entstehe, dass es zu 90% die Nothilfe sein sollte und zu 10% die unterlassene Hilfeleistung: Wäre man moralisch verantwortlich, wenn man einfach Pech gehabt hätte und das Gehirn die unwahrscheinliche Variante ausgewürfelt hätte? Laut Kane könnte man diese Verantwortung annehmen, in dem Bewusstsein, dass man Motive für beide Handlungen hatte und vor allem, dass man sich aus jeder Entscheidung weiterentwickeln kann. Moralische Verantwortlichkeit wäre dann etwas, was mit der Anzahl von self-forming actions wächst (vgl. Fischer et al. 2007: S. 41f. / Griffith 2013: S. 67).
Dennoch lässt Kanes Modell viele Fragen offen und die Frage der Urheberschaft scheint intuitiv für die meisten Kommentatoren weiter offen. Es sei an dieser Stelle an Lewis' Theorie der humeschen Supervenienz erinnert, in der das Universum nicht als Komplex von Prozessen und Gesetzen verstanden werden kann, sondern nur als Anhäufung lokaler Entitäten mit intrinsischen Qualitäten (vgl. Kapitel 2.1.2.). Während ein

Großteil der Wissenschaft, wie auch Kane, Kausalität in den Prozessen vermutet, ist demnach auch eine andere Sichtweise möglich, in der den Entitäten selbst eine Kausalkraft zukommt.

Die Verwirrung um Kanes Position ließe sich somit leicht aus der Welt schaffen: Wir sprechen zwar von einer Person als Verursacher, neigen aber aufgrund unseres vorherrschenden Bilds von Kausalität dazu, eigentlich Prozesse zu meinen. Kane scheint selbst intuitiv Kausalität als substanzielle Eigenschaft zu bevorzugen, scheut aber vor den in seinen Augen metaphysischen Ballasten zurück. Wie in der Diskussion über Kants synthetische Urteile a priori und Lewis' humerscher Supervenienz gezeigt werden konnte, ist der Umkehrschluss auf universelle Gesetzmäßigkeiten allerdings nicht weniger metaphysisch.

Im Libertarismus wird diese Position akteurskausal genannt. In der aktuellen philosophischen Diskussion wird diese Position nur noch von wenigen Autoren vertreten, auch wenn Randolph Clarke, der sich selbst zu dieser Gruppe zählt, diesbezüglich von einer sich vollziehenden Trendwende spricht (vgl. Clarke 2019: S. 76). Clarke spricht sich für die Möglichkeit einer solchen substanziellen Kausalität aus. Ereigniskausale Ansätze hätten nicht die nötige positive Kraft, um echten freien Willen zu rechtfertigen und würden somit auf einer Stufe mit kompatibilistischen Ansätzen verbleiben (vgl. Clarke 2003: S. 93).

Auf den ersten Blick erscheint unklar, warum die Einführung eines erstverursachenden Akteurs das Problem der Zufälligkeit lösen sollte. Wenn zu einem Zeitpunkt *t* eine Entscheidung fällt, die vorher weder determiniert noch zufällig war, stellt sich weiterhin die Frage, was dann den Ausschlag gab (vgl. Walter 2016: S. 59). Kant fasst dieses Problem folgendermaßen:

> „[…]diese ihre Freiheit kann man nicht allein negativ als Unabhängigkeit von empirischen Bedingungen ansehen, (denn dadurch würde das Vernunftvermögen aufhören, eine Ursache der Erscheinungen zu sein), sondern auch positiv durch ein Vermögen bezeichnen, eine Reihe von Begebenheiten von selbst anzufangen, so, dass in ihr selbst nichts anfängt, sondern sie, als unbedingte Bedingung jeder willkürlichen Handlung, über sich keine der Zeit nach vorhergehende Bedingungen verstattet, indessen dass doch ihre Wirkung in der Reihe der Erscheinungen anfängt, aber darin niemals einen schlechthin ersten Anfang ausmachen kann."

(Kant und Timmermann 1998 [1781]: S. 538)

Doyle interpretiert Kants Freiheitsbegriff als esoterischen Kompatibilismus, der in einer Reihe mit Descartes Dualismus oder Platos Konzept der Seele stehe (vgl. Doyle 2011: S. 90). Interessant ist Doyles Kategorisierung von Kant als Kompatibilisten, die er damit begründet, dass Kant den Ursprung der Freiheit in einer noumenalen, von der Zeit

losgelösten Sphäre verorte und so die Freiheit mit der kausal-deterministischen Welt kompatibel mache (vgl. ebd.).
Allerdings scheint gerade dieser ontologische Kunstgriff ein Hinweis auf eine inkompabilistische Weltsicht, die aber versucht den freien Willen zu bewahren. Auch Pereboom sieht in Kants Position eindeutige Nähen zum akteurskausalen Libertarismus, in der er einfach darauf beharrt, dass der Mensch eine transzendentale Freiheit besitzt (vgl. Pereboom 2006: S. 538).
Keil erläutert, Kant leite aus der phänomenologischen Gewissheit über das Vorhandensein des eigenen Gewissens eine Freiheit ab, die zwar empirisch nicht zu beweisen ist, logisch aber unumgänglich sei. Moral könne laut Kant nur in uns existieren, weil wir frei sind und unsere Freiheit würden wir im Angesicht der Moral erkennen (vgl. Keil 2017: S. 221). Diese praktische Gewissheit der Freiheit erfordere einen transzendentalen Ursprung von Kausalität im vernünftigen Geist, dessen Wesen aber nur spekulativ zugänglich und für die praktische Freiheit irrelevant sei (vgl. Kant und Timmermann 1998 [1782]: S. 726f.).

2.2.5 Epistemischer Indeterminismus

Jürgen Habermas knüpft an dieses epistemische Argument über die Willensfreiheit an, warnt zugleich aber vor dessen Ontologisierung. Diese sei auch gar nicht nötig, wenn man die Gleichsetzung von Gründen und Ursachen als unzulänglich entlarve. Die Ursache ist laut Habermas ein naturwissenschaftlicher Reduktionismus auf strenge Kausalbeziehungen. Wenn Gründe als Ursachen bezeichnet würden, dann geschehe dies in einer retrospektiven beobachtenden Erklärungsperspektive. Dieser Reduktionismus zahle den hohen Preis, dass Handlungen als ursächlich strikt determiniert interpretiert würden, während Gründe nur noch rechtfertigenden Charakter hätten (vgl. Habermas 2004: S. 879).
Diese beobachtende Erklärungsperspektive dürfe aber nicht als naturwissenschaftlichmonistisches Weltbild ontologisiert werden. Sobald die interne Teilnehmerperspektive, in der man sich als freies Subjekt verstehe, vollständig ausgeklammert und als illusionär abgetan werde, laufe etwas grundlegend falsch (vgl. Habermas 2004: S. 875f.). Deshalb erscheint es auch unverständlich, weshalb Habermas' Position u.a. von Keil als Spielart des Kompatibilismus verstanden wird (vgl. Keil 2007: S. 104).
Walter attestiert Habermas dementsprechend zwar auch kein „waschechter" Libertarier zu sein, ordnet ihn aber stattdessen als vermittelnde Zwischenposition zwischen Inkompatibilisten und Kompatibilisten ein (vgl. Walter 2016: S. 353). Diese Charakterisierung scheint passender, weil Habermas zwar einen metaphysischen Dualismus ablehnt, gleichzeitig aber auch einem kausalistisch-naturwissenschaftlichen Monismus kritisch gegenübersteht. Anders als Kant, der den allgemeinen Determinismus als gegeben annahm und sich deshalb gezwungen sah die menschliche Freiheit durch einen mäßig eleganten Dualismus zu retten, scheint Habermas hier eher agnostisch.

Er argumentiert aus Sicht einer evolutionären Erkenntnistheorie, dass der wissenschaftliche Reduktionismus ebenso als Werkzeug der Erkenntnis verstanden werden kann, wie unser Freiheitsverständnis. Der bedeutende Charakter des freien, für Gründe empfänglichen Subjekts insbesondere in der Wissenschaftswelt lasse es unwahrscheinlich erscheinen, dass dieses evolutionär nur ein Epiphänomen und illusionär sei (vgl. Habermas 2004: S. 880).

Habermas erklärt die wahrgenommene Unvereinbarkeit der beiden Wissensperspektiven, der alltäglichen und der wissenschaftlichen, der Teilnehmer- und Beobachterperspektive mit jeweils in eigene „Sprachspiele" (Habermas 2004: S. 882) eingeschriebenen Ontologien. Man könne nicht zwischen beiden übersetzen, ohne dass ein „semantischer Rest" (ebd.) anfalle. Begründungen und Intentionen ließen sich unmöglich vor dem „interventionistische[n] Hintergrund des Kausalbegriffs" sinnvoll beschreiben (vgl. Habermas 2004: S. 882).

Die gegenseitige Irreduzibilität der beiden Perspektiven führe zu dem Schluss, dass nur eine gleichwertige Verschränkung dieser, einen kognitiven Zugang zur Welt ermögliche (vgl. ebd.). Beide Perspektiven könnten wahre Aussagen produzieren, ohne dass sich die Realität in der Gesamtheit regionaler Aussagen erschöpfe (vgl. Habermas 2004: S. 872).

3 Neurowissenschaftliche Perspektiven auf den freien Willen

Habermas kritisiert in seinen Ausführungen einen naturwissenschaftlichen Perspektivenmonismus, der immer mehr den Anspruch einer objektiven Weltbetrachtung verkörpere. Walter führt dazu aus, dass sich spätestens seit Mitte des 20. Jahrhunderts diese objektivierende Art der Weltbetrachtung auch auf die innersten Geheimnisse des Menschseins beziehe. Insbesondere Gefühle, die inhärent subjektiver Natur sind – namentlich Freiheit und Verantwortung – würden in den Naturwissenschaften grundsätzlich angezweifelt. In einer anschließenden Sammlung von Zitaten von Neurowissenschaftlern verdeutlicht Walter mit welchem Selbstbewusstsein die „Revolution unseres Menschenbilds" (Walter 2016: S. 1) aus den Naturwissenschaften vorangetrieben werde (vgl. ebd.).

3.1 Die Rolle des Unterbewusstseins und die Libet-Experimente

Als prominenter Ausgangspunkt dieser Revolution gelten vielen die sogenannten Libet-Experimente, die im Folgenden eingehender thematisiert werden sollen. Benjamin Libet hat Anfang der 1980er Jahre in einer Reihe von Experimenten zeigen können, dass das motorische Zentrum im Gehirn bereits ein sogenanntes Bereitschaftspotenzial zeigt, bevor man sich bewusst entscheidet, eine bestimmte Bewegung in dem Moment auszuführen. Diese Bewegung unterlag dabei den folgenden Anforderungen an Freiwilligkeit:

- Die Aktion erfolgt endogen und nicht als direkte Reaktion auf einen Stimulus.
- Es gibt keine Regeln oder Zwänge, die die Einleitung der Aktion direkt beeinflussen.
- Der Proband betrachtet die Ausführung der Aktion als seine eigene und frei.

(vgl. Libet 1985: S. 529)

Interessant ist hier die an kompatibilistische Positionen erinnernde Fokussierung auf die innere Wahrnehmung des Probanden, statt auf die faktische Freiheit.

Im Versuchsaufbau wurde das Bereitschaftspotential per EEG gemessen, während die Probanden aufgefordert waren, zu einem beliebigen Zeitpunkt eine willkürliche Bewegung der Hand auszuführen. Dabei sollten sie auf einen Lichtpunkt schauen, der wie ein Uhrzeiger seine Position verändert. Sobald sie den Antrieb verspüren, die Bewegung jetzt auszuführen, sollte die Position des Lichtpunkts gemerkt werden (vgl. Libet 1985: S. 532). Zusätzlich wurde noch die Muskelaktivität gemessen, um den Startpunkt der Bewegung zu messen sowie evaluiert, welche Verzögerung durch die Perzeption des Lichtpunkts einzurechnen ist (vgl. Libet 1985: S. 532f.).

Das Ergebnis des Versuchs war, dass sich bereits etwa 350-400 Millisekunden bevor die Probanden sich ihrer Entscheidung bewusst wurden, ein Bereitschaftspotenzial im Gehirn messbar wurde. Libet folgerte, dass die bewusste Handlung unbewusst initiiert wird.

Dieser Befund wurde laut Keil insbesondere im deutschsprachigen Raum sehr freiheitskritisch interpretiert (vgl. Keil 2017: S. 250). Auch Walter weist darauf hin, dass unter der Intuition des Zeitlichkeitsarguments, welches besagt, dass wir nicht frei sein können, wenn unsere Entscheidungen bereits vorbereitet werden, bevor wir uns ihrer bewusst werden, diese Studie philosophisch geradezu ausgeschlachtet wurde. Dabei sei es einerseits sowieso fraglich inwieweit die Libet-Experimente freie Entscheidungen untersucht hätten, da diese eher die Teilnahme an dem Experiment betreffen würde, während die gemessenen Handbewegungen eher als zugelassene Impulse verstanden gehörten (vgl. Walter 2016: S. 85).

Andererseits widerlegten die Libet-Experimente, wenn überhaupt, eine dualistische Auffassung des Menschen, in der der bewusste Geist als unbewegter Erstbeweger auftritt (vgl. Keil 2017: S. 254). Die meisten Libertarier vertreten aber hauptsächlich eine Version des Cartesianismus, die experimentell nicht zu widerlegen ist, in der die mentale Verursachung nicht alleinige, sondern additive und oft optionale Komponente von Handlungen ist (vgl. ebd.).

Eine Ausnahme könnte Carl Ginet sein (siehe Kapitel 2.2.4.), der akausale mentale Verursachung für plausibel hält. Die meisten vorgestellten Theorien scheinen aber in keinem Widerspruch zu Libets Experimenten zu stehen. Laut Keil könnte man ausschließlich von einer Widerlegung sprechen, wenn sich das Bereitschaftspontential als hinreichend für die Handlung erweise (vgl. Keil 2017: S. 253).

Eben diese Schlussfolgerung lehnt Libet aber vehement ab. In weiteren Experimenten kam er zu dem Schluss, dass das Bewusstsein im Intervall von 100-200 Millisekunden vor der Handlung noch ein Veto einlegen kann, sodass das Bereitschaftspotential folglich nur notwendig aber nicht hinreichend für eine Handlung zu sein scheint (vgl. Libet 1999: S. 52). Libet räumt jedoch ein, dass nicht endgültig geklärt werden kann, ob nicht auch das Veto unbewusst determiniert wird. Libet argumentiert dennoch entschieden für die Variante, dass unbewusste Prozesse bewusst kontrolliert werden. Dabei erinnert seine Begründung sehr an Habermas' Ansatz der evolutionären Erkenntnistheorie, der als Argument gegen eine epiphänomenalistische Ansicht des freien Bewusstseins, dessen bedeutende funktionale Rolle anführt (vgl. Kapitel 2.2.5.).

Laut Libet passt sein Modell der unbewussten Handlungsformung, deren tatsächliche Ausführung in bewussten dichotomen Ja/Nein Entscheidungen kontrolliert werde, sehr gut zu unserer Sozialstruktur. Als Beispiel führt er die zehn Gebote des alten Testaments an, die fast alle als *tu das nicht* formuliert seien. Unsere Moral basiere auf dem Prinzip der bewussten Kontrolle von unbewussten Trieben, was dafür spreche, dass der bewusste Wille nicht illusionär sei (vgl. Libet 1999: S. 54f.). Dafür spreche ebenso, dass sich unsere Moral (mit Ausnahmen) auf Handlungen und nicht bereits auf Triebe und Wünsche beziehe (vgl. Libet 1999: S. 55).

Ebenso passt Libets Interpretation auffallend gut in Frankfurts Modell der hierarchischen Willensfreiheit. Diese zeichnet sich bei Frankfurt ebenfalls dadurch aus, die Wünsche erster Ordnung effizient durch höherstufige Wünsche zu kontrollieren (vgl. Kapitel 2.2.3.). Höherstufige Wünsche stehen dabei immer in Verbindung mit Selbstreflektion, also einer Bewusstwerdung der Motivationsstruktur (vgl. Frankfurt 1988a: S. 135).

Die Frage, inwiefern das Bereitschaftspotential eine Handlung vorprogrammiert, das heißt unserem Bewusstsein selbst im besten Fall nur eine Vetofunktion überlässt, ist aber ebenfalls umstritten.

So konnten Hermann et al. in einer Variation der Libet-Experimente zeigen, dass sich bereits ein Bereitschaftspotential entwickelt, bevor die Handlung festgelegt ist. In ihrem Experiment bekamen die Probanden zufällig einen von zwei verschiedenen Stimuli angezeigt, auf die sie unterschiedlich reagieren sollten. Das Bereitschaftspotential konnte allerdings schon vorher gemessen werden, sodass die Autoren zu dem Schluss kommen, dass das Bereitschaftspotential eher eine allgemeine Handlungsbereitschaft darstellt, als die konkrete Vorbereitung einer determinierten Handlung (vgl. Herrmann et al. 2005: S. 130).

Offensichtlich erfüllt dieser Versuchsaufbau nicht die Anforderungen an eine freiwillige Handlung, wie sie von Libet definiert wurden. Dies stelle jedoch kein Problem dar, da der Versuch nur dazu diene, die Rolle des Bereitschaftspotentials zu untersuchen. Der Umstand, dass nach dessen Auftreten noch verschiedene Handlungsalternativen möglich seien, widerlege alle freiheitsskeptischen Interpretationen der Libet-Experimente (vgl. Herrmann et al. 2005: S. 130f.). Ebenso wie Libet wollen sich Herrmann et al. aber nicht darauf festlegen, dass die Auswahl zwischen Handlungsalternativen bewusst erfolge, sondern nur, dass viel für einen entsprechenden Mechanismus abseits des Bereitschaftspotentials spreche (vgl. ebd.).

Ein besonders kreatives Experimentaldesign, um dieser Frage weiter nachzugehen, haben Schultze-Kraft et al. entwickelt. Probanden wurden in ihrer Studie an ein Brain-Computer-Interface (BCI) angeschlossen, welches ebenfalls das Bereitschaftspotential und den Start der Muskelaktivität misst. Sie bekamen die Aufgabe, ein Fußpedal zu drücken, während eine grüne Lampe leuchtet. Nach einer Trainingsphase, in der der Computer lernte, die Hirnaktivität des Probanden zu deuten, traten Mensch und Computer gegeneinander an. Die Probanden bekamen die Erklärung, dass der Computer versuchen wird, ihre Entscheidung zu antizipieren und die Lampe auf rot zu schalten, sobald der Computer glaubt, dass die Handlung unmittelbar bevorsteht (vgl. Schultze-Kraft et al. 2016: S. 1080f.).

In circa 30% der Fälle gelang den Probanden die unentdeckte Ausführung der Aktion und in circa 20% wurde eine Aktion noch abgebrochen, das heißt, dass während bereits das rote Licht leuchtete und schon Muskelaktivität gemessen wurde, das Pedal aber nicht gedrückt wurde (vgl. Schultze-Kraft et al. 2016: S. 1081). Die Autoren interpretieren diese Ergebnisse als eindeutige Evidenz für eine bewusste Vetofähigkeit, die selbst in der laufenden Handlung noch vorhanden ist (vgl. Schultze-Kraft et al. 2016: S. 1084). Es gebe also keine *ballistische* Phase im Gehirn, in der ein Trigger notwendig zur vollen Ausführung einer Handlung führt (vgl. Schultze-Kraft et al. 2016: S. 1083).

Den Prozess der menschlichen Entscheidungsfindung vergleichen die Autoren mit einer Reihe von Dominosteinen, deren Kettenreaktion im unbewussten Gehirn angestoßen wird, der aber nur dann deterministisch zur Handlung führt, wenn das Bewusstsein nicht im richtigen Moment einen Stein entfernt (vgl. Schultze-Kraft et al. 2016: S. 1080).

Unbewusste Handlungsvorbereitung und bewusste Interventionsmöglichkeiten seien dabei eng miteinander verzahnt und reichten weit über das untersuchte Bereitschaftspotential hinaus (vgl. ebd.). Tatsächlich konnten Soon et al. zeigen, dass sich spezifische Gehirnaktivität bereits 7-10 Sekunden vor der endgültigen Handlungsausführung nachweisen lässt (vgl. Soon et al. 2008: S. 544f.).

Rager und Brück weisen in diesem Zusammenhang darauf hin, wie ineffizient eine vollständige Kontrolle durch das Bewusstsein wäre. Es sei elementarer Sinn des Lernens, dass wir Handlungen automatisieren, ohne immer bewusst über alles nachzudenken. Durch Lernprozesse seien auch unsere ethischen Vorstellungen im besten Falle habitualisiert, sodass eine unbewusste Handlung auch nicht mit einer triebhaften Handlung gleichzusetzen sei (vgl. Rager und Brück 2012: S. 106).

3.2 Illusionen der Autorschaft und die Rede vom Epiphänomenalismus

Ebenfalls große Aufmerksamkeit erlangten Experimente, die das Phänomen der Konfabulation untersuchten. Konfabulationen sind in gewisser Hinsicht das Gegenteil zum unbewussten Automatismus. Im Automatismus scheint das Gefühl der Handlungsmacht verloren zu gehen, weil wir unbewussten Motiven folgen, ohne dass sich das Bewusstsein einschaltet. In der Konfabulation hingegen ist das Bewusstsein wach und suggeriert uns eine absichtliche Handlung, obwohl keine oder nur eine geringfügigere Intervention des Bewusstseins stattgefunden hat. Walter weist darauf hin, dass weder der Umstand, dass wir manchmal rein unbewusst handeln, noch der Umstand, dass wir manchmal konfabulieren, einen Beleg für eine allgemeine Epiphänomenalität des Bewusstseins darstellen (vgl. Walter 2016: S. 187).

Ein bekanntes Experiment zu Kontrollillusionen wird vom Neurowissenschaftler António Damásio beschrieben. Chirurgen stimulierten bei einer wachen Patientin eine bestimmte Region im linken Frontallappen des Gehirns, woraufhin diese spontan anfing zu lachen. Das Lachen wurde als natürlich und ansteckend beschrieben und konnte nicht auf äußere Stimuli zurückgeführt werden. Ebenfalls war das Lachen nicht isoliert, sondern wurde von einem subjektiven Gefühl der Heiterkeit begleitet. Wenn man die Patientin nach dem Grund für ihr Lachen fragte, attribuierte sie dies stets auf ein naheliegendes Objekt, egal ob dies ein gezeigtes Bild oder die Versuchsleiter selbst waren, sie fand immer eine Erklärung für ihr Lachen (vgl. Damásio 2003: S. 74).

Laut Keil lässt sich dieses Verhalten mit einer Gehirnfunktion erklären, die er in Anlehnung an den englischen Begriff des *agent detection device* den Akteursdetektor nennt. Wir seien evolutionär darauf getrimmt, hinter unerklärten Vorkommnissen einen intelligenten Akteur, eventuell ein Raubtier, zu vermuten. Dieser Akteursdetektor sei evolutionär so erfolgreich und essenziell geworden, dass wir zu einer Überinterpretation neigten (vgl. Keil 2017: S. 237).

In der Kontrollillusion sei dieser Mechanismus auf uns selbst gerichtet, das heißt: Stehen uns keine anderen plausiblen Erklärungen für ein Phänomen zur Verfügung, vermuten wir uns selbst dahinter. Es sei jedoch abwegig deshalb von einer allgemeinen Epiphänomenalität des Willens auszugehen, so Keil, nur weil unsere Wahrnehmung über innere Kausalzusammenhänge fehlbar sei (vgl. ebd.).

Eine allgemeine Freiheitsskepsis lässt sich also weder aus den Libet-Experimenten noch aus Kontrollillusionen ableiten. Dennoch zeigen diese neurowissenschaftlichen Erkenntnisse auf, dass wir immer noch die Rolle des Unterbewusstseins unterschätzen und die Rolle des Bewusstseins überschätzen.

4 Die Sozialpsychologie des freien Willens

Die Frage nach der Willensfreiheit kann nicht ausschließlich unter Gesichtspunkten der Beweis- oder Widerlegbarkeit verhandelt werden. Die Sozialpsychologie kann Antworten darauf geben, welche sozialen Mechanismen mit der Vorstellung vom freien Willen einhergehen und wie sich Veränderungen in dieser auswirken bzw. bewerkstelligen lassen.

4.1 Das Argument der Inhaberschaft

Denken wir im Zusammenhang mit der Bedeutung des Unbewussten zurück an Fischers und Ravizzas Konzept der Führungskontrolle. Ausschlaggebend für moralische Verantwortlichkeit ist demnach nur die Empfänglichkeit der Entscheidungsfindung durch Gründe sowie die Inhaberschaft über die Entscheidungsprozesse (vgl. Kapitel 2.2.3.).

Explizit weisen Fischer und Ravizza darauf hin, dass auch unbewusste Handlungen diesen Anforderungen entsprechen können. Umgekehrt wird es jedoch komplizierter, nämlich dann, wenn wir vermeintlich bewusst entschieden haben, in Wirklichkeit jedoch manipuliert wurden. Fischer und Ravizza kommen zu dem Schluss, dass wir natürlich nicht verantwortlich sind, wenn wir unbewusst manipuliert werden, da wir uns den Manipulationsmechanismus nicht zu eigen gemacht haben. Anders sähe es jedoch aus, wenn die Manipulation antizipiert und akzeptiert sei, das heißt uns zu eigen gemacht wurde (vgl. Fischer und Ravizza 1999: S. 239 Fußnote 32).

Fischer und Ravizza betonen die Historizität ihres Ansatzes, in dem die Mechanismen, für die wir Verantwortung übernehmen, fundamental sozial konstruiert sind. Diese umfassen klassischerweise die praktische Vernunft und unreflektierte Habitus, während bestimmte Arten der unbewussten oder direkten Manipulation ausgeschlossen werden (vgl. Fischer und Ravizza 1999: S. 233).

Interessanterweise betonen die Autoren dabei, dass eine Täuschung über die Details des Mechanismus' anscheinend irrelevant sein soll. Sollte sich, entgegen der persönlichen Vorstellung, der allgemeine Determinismus als wahr und somit auch die Vernunft als ebenso deterministisch herausstellen, ändere sich nichts an der Verantwortung (vgl. Fischer und Ravizza 1999: S. 234).

Folgt man dieser Argumentation, so scheint auch eine Täuschung über die Rolle des Bewusstseins in unserem Denken irrelevant zu sein. Angenommen, die rationale Begründung sei entgegen der allgemeinen Vorstellung nur epiphänomenal und in Wahrheit sei die Person ausschließlich durch unbewusste Motive getrieben, es bliebe der gleiche Mechanismus, für den man *aus Gewohnheit* Verantwortung übernehme. Läge aber eine Täuschung über den Prozess selbst vor, würde mein bewusstes Denken beispielsweise durch direkte Stimulation verändert, entfalle meine Verantwortlichkeit (vgl. ebd. Fußnote 26).

Shabo kritisiert hier die Unklarheit in Fischers und Ravizzas Theorie darüber, welche Art des Unterschieds genau eine Verantwortlichkeit ausschließe. Naheliegend erscheine zunächst, dass eine ontologische Differenz gemeint sei. Dazu passe, dass laut Fischer und Ravizza ein unwissentlich eingesetztes Gehirnimplantat selbst dann eine Verantwortlichkeit ausschließe, wenn die Welt sowieso deterministisch sei und das Implantat alle Prozesse bis hin zum Gefühl der Inhaberschaft perfekt imitiere. Es sei jedoch völlig unklar, wieso ein rein ontologischer Unterschied ohne praktische Auswirkungen relevant sein solle (vgl. Shabo 2005: 106f.).

Auch eine Lesart, die die Andersartigkeit eines Mechanismus an seiner ethischen Bewertbarkeit ablesen wolle, sei nicht zufriedenstellend, da Theorien der Ethik meist von einer natürlichen Erkennbarkeit ethisch relevanter Handlungstypen ausgingen, welche aber eben zur Diskussion stehe (vgl. Shabo 2005: S. 108).

Shabo plädiert daher für eine psychologische Interpretation, in der die historische Gewachsenheit des Arsenals an Mechanismen, für die wir bereit sind Verantwortung zu übernehmen, nur unsere Attitüde gegenüber diesen forme. Diese sei aber höchst individuell und toleriere immer einen gewissen Spielraum. So zweifelten wir üblicherweise nicht an unserer Verantwortung, wenn wir unter Stress stehen oder eine depressive Episode durchmachen. Als gravierender empfundene Beeinträchtigungen tolierierten wird aber nicht mehr (vgl. Shabo 2005: S. 109).

Fischer und Ravizza argumentieren, dass jemand, der von frühester Kindheit an durch ein Gehirnimplantat unbewusst manipuliert sei, deshalb nicht moralisch verantwortlich sei, auch wenn er sich seine Art und Weise zu denken zu eigen gemacht hat, weil die Person nie ein *kohärentes Selbst* habe entwickeln können (vgl. Fischer und Ravizza 1999: S. 234f. Fußnote 28). Gleichzeitig sei die unbewusste Beeinflussung durch unser Unterbewusstsein unproblematisch, da sie eben Teil unseres Denkens sei (vgl. ebd. Fußnote 27).

Shabo kritisiert diese ontologische Ungleichbehandlung von artifiziellen und natürlichen Beeinflussungen und argumentiert stattdessen dafür, dass es die psychologische Auffassung über die verschiedenen Mechanismen sei, die variiere. Wir sähen einfach mehrheitlich fremdinduzierte Manipulation als problematischer an, denn natürliche unbewusste Beeinflussung (vgl. Shabo 2005: S. 109f.). In dieser Lesart, so Shabo, könne jemand keine Verantwortung für die üblichen Quellen seines Handelns übernehmen, wenn er darüber getäuscht sei, was die üblichen Quellen in Wahrheit sind (vgl. Shabo 2005: S. 109).

4.2 Die gewandelte Wahrnehmung des Unbewussten

Wenn aber nur mein Bewusstsein über einen bestimmten Mechanismus sowie mein psychologischer Standpunkt gegenüber diesem relevant sind, dann muss aber auch die Täuschung über die Rolle des Unterbewusstseins relevant für mein Verantwortlichkeitsgefühl sein.

Eine ontologische Differenzierung zwischen natürlichen und artifiziellen Ursachen erinnere eher an inkompatibilistische Positionen und sei nicht kohärent mit der epistemischen Sichtweise des Kompatibilismus (vgl. Shabo 2005: S. 109). Dafür spricht die existentielle Krise, die die Entdeckung des Unbewussten in der Gesellschaft laut Sigmund Freud ausgelöst hat. Freud selbst nannte diese Erkenntnis die wohl bedeutsamste unter den großen Kränkungen der Menschheit, noch vor den beiden Erkenntnissen, dass wir nicht der Mittelpunkt des Universums sind oder eine Sonderstellung außerhalb der Evolution innehalten (vgl. Freud 1917: S. 4f.).

Caruso und Flanagan weisen darauf hin, mit welcher Vehemenz beispielsweise noch Sartre die Idee des Unbewussten abgelehnt habe, während heutzutage fast alle gebildeten Menschen diese Realität anerkennen würden (vgl. Caruso und Flanagan 2017: S. 114). Es scheint als habe sich die Krise des Selbstbewusstseins gelegt und das Unbewusste sei allgemein als Verantwortlichkeit einschließende Instanz akzeptiert worden. Auch in den Medien wird intuitives Handeln *aus dem Bauch heraus* zunehmend positiv verhandelt, während die bewusste rationale Entscheidung an Bedeutung verliert (vgl. exemplarisch Gerbert 2004).

Der gesellschaftliche Umgang mit den Erkenntnissen zum Unbewussten erinnert dabei an die zwei Reaktionstypen, die Honderich in der Analyse der Positionen über die Konsequenzen eines allgemeinen Determinismus ausgemacht hat (vgl. Kapitel 2.2.1.). Ein Teil reagiert auch hier mit Entsetzen und Ablehnung, während sich ein anderer Teil uneinsichtig über die Folgen zeigt. Sartre beispielsweise lehnt die Idee ab, dass das Unbewusste der natürliche Antagonist des Bewussten sein soll. Das Unbewusste sei eine Unaufrichtigkeit des Bewussten, mit der es sich selbst affiziere. Nur wenn ich die Wahrheit sehr genau kenne, könne ich sie effizient vor mir verbergen (vgl. Sartre 2014 [1943]: S. 123).

Der Übergang von Unbewusstsein und Bewusstsein sei daher immer prekär und höchstens metastabil. Die klare Grenzziehung ermögliche uns aber die Konstituierung der Dualität von Täuscher und Getäuschtem (vgl. Sartre 2014 [1943]: S. 124). Die psychoanalytische Idee des unbewussten Es als uns äußeres Ding tausche den Begriff der Unaufrichtigkeit durch eine „Lüge ohne Lügner" (Sartre 2014 [1943]: S. 126). Dies sei jedoch nur eine weitere Selbsttäuschung. Der grundlegende Entwurf des Subjekts werde stets vollständig gelebt und sei bewusst, was jedoch nicht mit Erkenntnis gleichzusetzen sei (vgl. Sartre 2014 [1943]: S. 978).

Sartre leugnet also mit aller Kraft jegliche freiheitsgefährdende Realität des Unbewussten, welches in seiner Fassung die urfreie Wahl zur Unaufrichtigkeit und kein bedrohlicher Gegner ist (vgl. Sartre 2014 [1943]: S. 983).

Im Gegensatz dazu sieht Keil in der zentralen Bedeutung des Unbewussten kein Problem. Unter dem Hinweis darauf, dass das Unbewusstsein uns immerhin nicht vollständig determinieren würde und dass auch andere externe Einflüsse nicht als grundlegend problematisch angesehen würden, sieht Keil die Schuld an freiheitsskeptischen Auffassungen des Unbewussten vor allem in Überinterpretationen der Neurowissenschaften (vgl. Keil 2017: S. 262ff.).

Der entscheidende Unterschied zwischen Sartre und Keil scheint hier der normative Stellenwert des Unbewussten. Für Sartre scheint die Welt zusammenzubrechen, wenn das Bewusstsein seine Alleinherrschaft aufgeben müsste. Keil hingegen schreibt: „Rechtfertigen lassen muss sich dabei nur das Überlegungsergebnis, nicht der zu ihm führende psychische Prozess" (Keil 2017: S. 263). Beide Standpunkte scheinen etwas kurz zu greifen und ähnlich wie Honderich in Bezug auf die Determinismusdebatte festgestellt hat, jeweilig unter der Ignoranz des anderen Standpunkts zu leiden.

Sartres Plädoyer für das Bewusstsein ist von einer Weltsicht geprägt, in der Bewusstsein und Verantwortlichkeit fast synonym gedacht werden. So wie der Libertarier den Handlungsspielraum als Prämisse für die Freiheit braucht, braucht Sartre Bewusstsein für Verantwortlichkeit. Die kompatibilistische These in dieser Analogie ist nun, dass Verantwortlichkeit auch ohne Bewusstsein gedacht werden kann, so lange es zum gleichen Ergebnis führt. Dabei wird aber übersehen, dass das Ergebnis, das Gefühl für Verantwortlichkeit, nicht unabhängig vom Glauben an die Bedeutung des Bewusstseins gedacht werden kann.

4.3 Die funktionale Rolle des freien Willens

Prinz zufolge sind bewusste Prozesse die Repräsentation unbewusster Prozesse für uns selbst. Obwohl es logischerweise auch für bewusste Prozesse unbewusste Determinanten geben müsse, sei es falsch von einer Epiphänomenalität des Bewusstseins auszugehen. Durch das Bewusstsein seien grundlegende soziale Institutionen wie das Selbst und freier Wille im Individuum überhaupt erst attribuierbar (vgl. Prinz 2006: S. 270).

Diese konstruktivistische Sicht auf das Selbst und seinen Willen fragt nach der Funktion dieser Institutionen und wie sie konstruiert werden. Die naheliegende Intuition sei, dass das Selbst geschaffen wird, um Neigungen, Handlungswissen und Evaluationsvermögen zu kreieren. Diese Annahme sei aber nicht zu rechtfertigen, da diese Kompetenzen bereits unbewusst vorhanden seien. Die einzig logische Erklärung, die übrigbleibe, sei daher eine prozessuale Alteration (vgl. ebd.).

Diese bestehe in einer Abbremsung der auf Effizienz getrimmten unbewussten Prozesse. Das funktionale Innehalten des Selbst gebe Raum für eine tiefergehende Erläuterung der zum vorläufigen Ergebnis führenden und eine Aktivierung zusätzlicher, potenziell entscheidungsrelevanter Prozesse.

Dieser Prozess sei natürlich vorerst auf die intrinsischen Ressourcen beschränkt, sodass die Wirkung dieses Innehaltens begrenzt sei. Wirklich relevant werde er erst durch das Einbeziehen der Prozesse der Kommunikation und der Argumentation, also die soziale Rückkopplung der Entscheidung. Diese habe nicht nur Auswirkungen auf den Prozess der Willensbildung selbst, sondern auch auf die inhaltliche Grundlage der Entscheidung (vgl. ebd.).

Hier liegt laut Prinz auch die eigentliche und wichtigste Funktion der Institution des freien Willens. Die Rede vom freien Willen erlaubt es uns, Handlungen und ihre Konsequenzen Personen zuzurechnen und sie somit verantwortlich zu machen. Erst sie ermögliche einen Diskurs über Moral und Rechte. Gleichzeitig verhindere die Attestierung eines freien Willen einen endlosen Rechtfertigungsregress.

Diese Funktion übertrage sich auch auf politische Institutionen, welche sich gegenseitig und damit schließlich auch der Gesamtgesellschaft Autonomie und Verantwortlichkeit zuschreiben. Etabliere sich ein gewisses Niveau würde absolute, paternalistische Herrschaft durch kollektivbasierte Willensbildung ersetzt, im Extremfall durch eine perfekte Demokratie, die durch einen Gesellschaftsvertrag zwischen gleichen und autonomen Individuen gestützt wird (vgl. Prinz 2006: S. 271).

Auch in der Vorstellung von persönlicher Autorschaft vollziehe sich ein historischer Wandel. Während Gedanken in antiken Zeiten noch meist als durch externe und unsichtbare Autoritäten verursacht verstanden worden seien, sei nun immer mehr das Konzept des unabhängigen, aber an den Körper gebundenen mentalen Selbst etabliert.

Das zunehmende Verständnis von Handlungen als komplexes Zusammenspiel von unbewussten Prozessen und symbolischer Kommunikation öffne diese Bereiche als Attribute des mentalen Selbst und mache sie somit individuell und gesellschaftlich verhandelbar. Sowohl auf individueller als auch auf gesellschaftlicher Ebene zeichne sich somit ein Trend von Untertänigkeit hin zu Autonomie ab (vgl. Prinz 2006: S. 274f.).

Autonomie bedeutet hier aber gerade nicht Unabhängigkeit, sondern dient als funktionale Illusion, um individuelles Verhalten adressierbar und somit durch internalisierte Moral und direkte soziale Interaktion kontrollierbar zu machen (vgl. ebd.).

So gesehen ließe sich der Diskurs über das Unbewusste als Erweiterung der sozialen Kontrolle verstehen. Die Psychoanalyse scheint genau das zu versprechen, nämlich einen bewussten Zugriff auf das Unbewusste. Nicht mehr nur die bewusste Ent-

scheidung im Augenblick des Handelns wäre für Verantwortlichkeit entscheidend, sondern auch Prägungen, deren zugrundeliegende Ursachen weit zurück liegen.
Laut Keil hat sich zumindest im deutschen Strafrecht die kantsche Variante durchgesetzt, die von einer isolierten Einzeltatschuld ausgehe, während konkurrierende Modelle, wie das der Charakterschuld nur in philosophischen Theorien, wie beispielsweise Kanes self-forming actions (Kapitel 2.2.4.) relevant seien (vgl. Keil 2017: S. 223, 228).

4.4 Empirische Unterschiede

Es gibt einige Studien, die die Frage untersuchen, wie der Glaube an den freien Willen die Persönlichkeit von Menschen beeinflusst. Vohs und Schooler konnten den Glauben an den freien Willen, beispielsweise mit der Bereitschaft von Probanden zu betrügen, korrelieren. Eine Gruppe von Probanden sollte einen Text lesen, der den freien Willen in Abrede stellt, während die Kontrollgruppe einen Text liest, der das Thema nicht behandelt. Anschließend wurden die Einstellungen der Gruppen zum freien Willen per Fragebogen erfasst, wobei bereits signifikante Unterschiede festgestellt werden konnten (vgl. Vohs und Schooler 2008: S.49f.).

In einem anschließenden Mathetest wurden die Teilnehmer darauf hingewiesen, dass aufgrund eines Programmierfehlers die richtige Antwort nach einer Zeit erscheint, falls sie nicht rechtzeitig die Leertaste drücken. Es musste also aktiv gehandelt werden, um einen Betrug zu verhindern. In einem zweiten Experiment wurde dieser Umstand variiert, sodass die Probanden aktiv betrügen mussten (vgl. Vohs und Schooler 2008: S. 51).

In beiden Konditionen konnte gezeigt werden, dass die Bereitschaft zu betrügen, in der Gruppe am größten war, deren Glaube an den freien Willen zuvor geschwächt worden war. Die Autoren schlussfolgern, dass die zunehmende Infragestellung des freien Willens, insbesondere durch die Neurowissenschaften, als ernsthafte Bedrohung der ethischen Ordnung verstanden werden kann, wenngleich unklar sei, ob auch schwerwiegenderes moralisches Fehlverhalten beeinflussbar sei. Auch weisen sie darauf hin, dass auch der Glaube an einen freiheitsausschließenden Determinismus positive Effekte, wie beispielsweise mehr Mitgefühl für strukturell schlechter gestellte Menschen, haben könnte. Es sei auf jeden Fall noch mehr Forschung notwendig, um herauszufinden, wieso genau der konstatierte Zusammenhang existiere (vgl. Vohs und Schooler 2008: S. 53f.).

Andere negative Verhaltensänderungen bei ähnlichem Experimentaldesign konnten u.a. Baumeister et al. identifizieren. In ihrer Studie konnten Sie den Nichtglauben an den freien Willen mit verminderter Hilfsbereitschaft und erhöhter Aggressivität in Verbindung bringen (vgl. Baumeister et al. 2009: S. 267).

An diese Erkenntnisse schließt sich die naheliegende Frage an, ob kulturelle Unterschiede ebenfalls mit einem unterschiedlichen Verständnis des freien Willens einhergehen. Wente et al. haben untersucht, wie U.S.-amerikanische und chinesische Kinder im Alter von vier und sechs Jahren die Wahlfreiheit von sich selbst und anderen einschätzen. Dabei wurde zusätzlich noch unterschieden, ob es sich um eine Handlung handelt, die die Kinder gerne tun oder lieber vermeiden würden.

Die Hypothese lautet, dass die Intuition von Handlungsmacht in Kindern heranwächst, wenn sie in ihrer sozialen Umgebung lernen müssen, sich selbst zu kontrollieren, was normalerweise zu Beginn der Schulzeit bedeutsam wird. Hier sei durch Ergebnisse aus anderen Studien zu vermuten, dass chinesische Kinder dies früher entwickeln.

Die alternative Hypothese ist, dass die kulturelle Betonung von Autonomie und Handlungsmacht die Einschätzung der Kinder beeinflusst. Hier wäre zu vermuten, dass die USA eine stärkere kulturelle Prägung durch entsprechende Werte besitzen, als China (vgl. Wente et al. 2016: S. 667f.).

Im Versuchsaufbau wurden die Kinder mit Hilfe einer Puppe gefragt, ob sie glauben, dass eine Person oder sie selbst in einer bestimmten Situation eine Wahlfreiheit hat. Die Antworten wurden anschließend dichotom danach sortiert, ob sie eine freie Wahl oder einen Zwang suggerieren.

Die zwei zentralen Resultate der Studie sprächen gegen die einfache Erklärung, dass das Gefühl für Handlungsmacht überwiegend aus Selbsterfahrung erwächst. Einerseits tendieren alle Kinder dazu, anderen Personen mehr Wahlfreiheit zuzuschreiben, als sich selbst. Andererseits gab es bei der Frage, ob man frei ist, eine gewünschte Aktion auch zu unterlassen, große kulturelle Unterschiede. Während es bei der Frage, ob man eine ungewünschte Handlung trotzdem durchführen könne, keine signifikanten Unterschiede gab, gaben chinesische Kinder deutlich seltener an, dass man bei der Vermeidung einer Handlung eine Wahl habe (vgl. Wente et al. 2016: S. 674).

Der kulturelle Unterschied lasse sich womöglich dadurch erklären, dass Normen und Wünsche in westlichen Kulturen als Konflikt im autonomen Selbst verhandelt werden. Jüngere Kinder und in manchen anderen Kulturen auch ältere, würden Normen jedoch eher als direkten Zwang wahrnehmen, der keine Wahlfreiheit lässt. Eine solche Interpretation könnte erklären, warum chinesische Kinder glauben, dass sie sehr wohl in der Lage sind, äußere Motive gegen eigene Widerstände durchzusetzen, jedoch in der umgekehrten Situation weniger Handlungsspielraum verspüren (Wente et al. 2016: S. 675).

Auf den ersten Blick scheinen diese Erkenntnisse im Widerspruch zu Studien zu stehen, die keine signifikanten kulturellen Unterschiede im Glauben an den freien Willen feststellen konnten. Dies mag aber auch daran liegen, dass dieser Glaube oft recht oberflächlich abgefragt wird. Sarkissian et al. fragen beispielsweise nur, ob die

Probanden glauben, dass unser Universum deterministisch ist und ob moralische Verantwortung damit kompatibel ist bzw. wäre (vgl. Sarkissian et al. 2010: S.11f.).

Feldman et al. erklären diese vermeintliche Dissonanz damit, dass freier Wille die Möglichkeit der Wahl suggeriert, es aber darauf ankommt, ob diese Handlungsmacht kulturell gutgeheißen wird. In ihrer Studie konnten sie zeigen, dass die Korrelation zwischen dem Glauben an den freien Willen und Arbeitszufriedenheit in Ländern höher ist, die kulturell individuelle Handlungsmacht befürworten (vgl. Feldmann et al. 2018: S. 311ff.). Dies lässt den Schluss zu, dass die soziale Institution des freien Willens kulturell unterschiedlich stark und vor allem auf unterschiedliche Art und Weise zum Tragen kommt.

In diesem Zusammenhang weisen Savani et al. auch auf das kulturell diverse Verständnis von Wahlfreiheit hin, in dem gleiche Situationen völlig unterschiedlich bewertet werden. US-Amerikaner deuteten in ihrem Alltag, aber auch in Laborbedingungen signifikant mehr Aktionen als frei gewählte Handlungen, als Inder. Interessanterweise interpretierten auch Inder, die eine längere Zeit in den USA gelebt hatten, deutlich mehr Handlungen als Entscheidungen, was für eine hohe Bedeutung sozialer Konstruktionen für die Wahrnehmung von Handlungen spreche (vgl. Savani et al. 2010: S. 396f.).

5 Zwischenfazit

In diesem ersten Teil der Arbeit ging es allgemein um den freien Willen, bevor nun der zweite Teil den Fokus auf die speziellen Auswirkungen moderner Gehirnimplantate auf die dargestellte Debatte legt. Immer wieder haben im ersten Teil Gehirnimplantate bereits eine Rolle gespielt, insbesondere in kompatibilistischen Gedankenexperimenten. Dort in erster Linie als Symbol für fundamentale Manipulation.

Es konnte gezeigt werden, wie die Debatte um den freien Willen grundlegende metaphysische Vorstellungen bis hin zum Kausalprinzip berührt. Tiefsitzende Überzeugungen darüber, wie unsere Welt funktioniert, berühren dabei auch unser Selbstverständnis und unser soziales Miteinander. Der lang etablierte Dualismus zwischen Geist und Körper gerät zunehmend unter Druck eines monistisch-szientistischen Weltbilds und die damit infrage gestellte transzendente Freiheit des Menschen als Grundlage unseres Verständnisses von moralischer Verantwortlichkeit hinterlässt zunehmend eine Lücke.

Die vorgestellten Autoren haben verschiedenste Ansätze entwickelt, wie wir damit umgehen könnten. In Bezug auf Gehirnimplantate eröffnen sie interessante Perspektiven auf das Verhältnis zwischen Freiheit und Gehirnimplantat.

Libertarier versuchen die transzendente Freiheit zu retten, entweder indem sie den Alldeutungsansprüchen der Wissenschaften widersprechen wie Carl Ginet oder auch Jürgen Habermas oder indem sie wie Robert Kane dem Gehirn selbst außergewöhnliche, aber naturalistisch erklärbare Privilegien der Weltsteuerung zugestehen. Könnten Gehirnimplantate diese Privilegien kopieren, ausbauen oder vielleicht überhaupt erst etablieren?

Harte Deterministen wie Ted Honderich und harte Inkompatibelisten wie Derk Pereboom glauben nicht an den freien Willen und sehen ihn als wohlfällige Illusion, mit deren Auflösung wir uns lieber früher als später anfreunden sollten. Auch viele Hirnforscher sehen den freien Willen als Illusion an. Es stellt sich die Frage, ob diese Weltsicht eine Akzeptanz von Gehirnimplantaten fördert oder behindert.

Kompatibilisten wie Harry Frankfurt und Semikompatibilisten wie Fischer und Ravizza sehen zumindest moralische Verantwortlichkeit nicht an eine transzendente Freiheit geknüpft. Ihr Augenmerk liegt vor allem auf einer praktischen Freiheit, die sich eher epistemisch fassen lässt. Für Frankfurt ist Freiheit an eine Widerspruchsfreiheit von höher- und niederstufigen Wünschen geknüpft. Welchen Beitrag können Gehirnimplantate hier leisten?

Vor allem bei Fischer und Ravizza liest sich die Quintessenz heraus, dass ich verantwortlich bin, wenn ich mich verantwortlich fühle. An der Diskussion um das Unbewusste konnte gezeigt werden, wie dieses Gefühl der Verantwortlichkeit wandelbar ist.

Es stellt sich die Frage, inwiefern Gehirnimplantate und ihre Wirkungen auf unser Handeln in unser Verantwortungsgefühl integriert werden können. In diese Argumentation passen auch die Erkenntnisse der Neurowissenschaften, die zwar wenig zur metaphysischen Freiheitsdebatte beitragen können, sehr wohl aber die variable Rolle des Bewusstseins aufzeigen. Habermas schlussfolgert aus der zentralen Rolle, die das Bewusstsein für uns spielt, dass es auch funktional sein muss. Prinz sieht dies prinzipiell ähnlich, sieht die Funktion aber überwiegend im Sozialen. Das Innehalten des Bewusstseins produziert einen Adressaten, eine Person, die Verantwortung tragen kann und prinzipiell auch will.

Wie auch bei unbewussten Vorgängen dürfte es auch bei Gehirnimplantaten wichtig sein, dass man das Gefühl einer prinzipiell möglichen Intervention des Bewusstseins hat, um Verantwortung zu spüren. Es stellt sich die Frage, inwiefern dies bei Gehirnimplantaten zu realisieren ist. Bevor sich im folgenden Teil diesen Fragen gewidmet wird, soll zunächst in den Stand der Forschung bei Gehirnimplantaten eingeführt werden.

6 Gehirnimplantate – der Stand der Forschung

Der Begriff Gehirnimplantat umfasst mehrere Subkategorien, die hier nicht alle behandelt werden sollen. Insbesondere Implantate, die zur sensorischen Substitution eingesetzt werden, wie beispielsweise Cochleaimplantate, werden nicht behandelt. Der Fokus liegt auf Implantaten, die sich dazu eignen, Einfluss auf psychische Zustände und somit potenziell die Willensbildung zu nehmen. Hier soll ein spezieller Fokus auf die tiefe Hirnstimulation zur Behandlung von Depressionen und Zwangserkrankungen gelegt werden.

Explizit ausgenommen sind auch solche Implantate, die durch ein Auslesen von Gehirnaktivität Kommunikation für Locked-In-Patienten oder die Kontrolle einer Prothese ermöglichen. Diese spielen zwar eine Rolle in der Diskussion um die Willensfreiheit, weil sie äußere Hindernisse überwinden, haben jedoch nichts mit der inneren Willensbildung zu tun.

6.1 Geschichte der Gehirnstimulation

Etwa seit Mitte des 19. Jahrhunderts gab es in Frankreich und mit etwas Verzögerung auch in Deutschland eine intensive Debatte über die Möglichkeit der Lokalisation von mentalen Funktionen im Gehirn. Obwohl es schon einige Theorien und Erkenntnisse zu diesem Thema gab, wurden diese anfangs weitestgehend ignoriert, beziehungsweise vermeintlich widerlegt. Laut Hagner lag dies vor allem an der vorherrschenden Materialismusskepsis, die der Seele zugeordnete Phänomene nur zögerlich im Gehirn verortet sehen wollte (vgl. Hagner 2012: S. 239).

Erst die Experimente von Fritsch und Hitzig, die 1870 durch kortikale Stimulation eindeutig vorhersagbare Muskelbewegungen bei Hunden erzeugen konnten, verhalfen der Korrelation von Phänomen und Gehirnregion zu breiter Anerkennung und ermöglichten die bis heute andauernde Kartographierung des Gehirns (vgl. Hagner 2012: S. 247).

Nachdem Egas Moniz in den 1930ern anfing psychische Krankheiten durch die chirurgische Entfernung der Verbindung zwischen Thalamus und Frontallappen, der Lobotomie, zu behandeln, stieg das Interesse an der sogenannten Psychochirurgie rasant. 1952 veröffentliche José Manuel Rodríguez Delgado einen Artikel, in dem er erstmals die langfristige Implantierung von Elektroden im menschlichen Gehirn beschrieb. Sein Ziel war es, so eine schonendere Variante zur Lobotomie zu entwickeln (vgl. Horgan 2005: S. 68).

In den folgenden Jahren operierte er 25 menschliche Probanden und führte einige vielbeachtete Tierversuche durch, die die prinzipielle Machbarkeit seiner Methode bewiesen, jedoch an Präzision und Zuverlässigkeit missen ließen. Anfang der 1970er Jahre mehrte sich Kritik an der Praxis, die von vielen als Beginn eines technologischen

Totalitarismus und menschenverachtend gebrandmarkt wurde. Infolgedessen verlagerte Delgado sein Forschungsinteresse und die Forschung in diesem Feld erlahmte allgemein (vgl. Horgan 2005: S. 71f.).

Dieser Forschungsstillstand war nicht nur durch politischen Gegenwind bedingt, sondern auch dadurch, dass die medikamentöse Therapie von motorischen und psychiatrischen Störungen des Gehirns große Fortschritte machte (vgl. Gardner 2013: S. 710).

Die Renaissance der Technik begann 1987 mit der Erfindung der tiefen Hirnstimulation (Deep Brain Stimulation - DBS), eine Art Schrittmacher für tiefliegende Hirnregionen, für die Behandlung von Tremorpatienten. Seit 2002 ist die DBS in den USA zur Behandlung der Parkinson-Krankheit zugelassen und ist seitdem zehntausenden Patienten weltweit zugutegekommen (vgl. Gardner 2013: S. 711).

Seit Ende der 1990er Jahre wird DBS auch zur Behandlung von psychiatrischen Krankheiten getestet. 2017 waren von weltweit circa 120.000 eingesetzten Gehirnimplantaten jedoch nur 500 durch psychiatrische Krankheiten indiziert. Graat et al. erklären dies neben der bereits erwähnten historischen Tabuisierung mit der verhältnismäßig höheren Komplexität psychiatrischer Krankheitsbilder im Unterschied zu motorischen Störungen (vgl. Graat et al. 2017: S. 178).

Zu den behandelten Krankheiten gehören Zwangsstörungen, das Tourette-Syndrom, Depressionen, Suchterkrankungen, Schizophrenie, Autismus sowie Angst- und Essstörungen. Die meisten dieser Indikationen befinden sich jedoch noch in frühen Experimentalphasen, lediglich für Zwangsstörungen gibt es in den USA bereits Einzelfallzulassungen (vgl. ebd. / George 2018: k.S.).

6.2 Tiefe Hirnstimulation bei therapieresistenter Depression

Der Freiburger Forscher Prof. Dr. Schläpfer ist einer der Pioniere auf dem Gebiet der tiefen Hirnstimulation. Bereits seit Beginn der 2000er erforscht er insbesondere die antidepressive Wirkung der DBS. Diese war, wie so oft auf diesem Gebiet der Forschung, als Nebeneffekt in anderen DBS Studien aufgefallen (vgl. Graat et al. 2017: S. 180).

Schläpfer konnte bereits 2008 in einer kleinen Fallstudie mit drei Patienten beeindruckende Resultate erzielen. Bei allen drei Patienten zeigte sich sowohl kurz- als auch langfristig eine deutliche Verbesserung der Symptomatik, die auch mit der doppelblinden Abschaltungsperiode korrelierte (vgl. Schlaepfer et al. 2008: S. 373f.). Insbesondere die explorative Motivation, der Drang Neues zu entdecken, sei bei den Probanden direkt nach Aktivierung unübersehbar gestiegen (vgl. Schläpfer et al. 2008: S. 372). Wenngleich Schläpfer et al. darauf hinweisen, dass DBS kein Allheilmittel ist und nur für die 12% der Depressionspatienten in Frage kommt, die sich therapieresistent zeigen, deuteten auch andere frühe Studien auf ein hohes Potential der Behandlungsmethode hin (vgl. Schlaepfer et al. 2008: S. 374f.).

Obwohl auch andere kleine Studien gute Ergebnisse erzielen konnten, zeigte sich in den ersten größer angelegten Versuchen kein überzeugendes Ergebnis. Laut Graat et al. könnte dies u.a. an einer kürzeren Einstellungsphase und unterschiedlicher Lokalisation gelegen haben (vgl. Graat et al. 2017: S. 181). Dies lag laut Dobbs auch einer übereilten Zulassungsbemühung des Herstellers und dem Umstand, dass man zu wenig darüber weiß, bei welchen Depressionstypen DBS wirkt, sodass einige Patienten beeindruckende Ergebnisse zeigten, während andere nicht auf die Therapie ansprachen (vgl. Dobbs 2018: k.S.). Bei den Patienten, die auf die Therapie ansprechen, konnte auch eine enorme Verbesserung der sozialen Integration nachgewiesen werden, wie beispielsweise deutlich erhöhte Berufstätigkeit, sowie die Aufnahme neuer Hobbys oder sonstiger Aktivitäten (vgl. Saleh und Hasler 2017: S. 5f.).

6.3 Tiefe Hirnstimulation bei Zwangserkrankungen

Patienten mit einer Zwangserkrankung leiden unter dauerhaften und drängenden Gedanken oder Bildern, die sich für sie unzweckmäßig anfühlen und Stress verursachen. Versuche, diese Gedanken zu ignorieren oder sie durch Handlungen zu neutralisieren, scheitern oft und führen zu repetitivem Verhalten und/oder Gedankengängen. Die Autoren sprechen von einem gestörten Verhältnis von bewussten und unbewussten Vorgängen, in dem eine krankhafte Überaktivierung des Bewusstseins stattfindet (vgl. de Haan et al. 2015: S. 1f.).

Zusammen mit dem Tourette-Syndrom gehören Zwangserkrankungen zu den ersten psychiatrischen Störungen, die bereits 1999 mit DBS behandelt wurden. In circa 60% der Patienten kann hierbei eine durchschnittliche Verbesserung der Symptomatik um 45% erreicht werden. Zusätzlich zu der reinen Verbesserung der primären Symptome, berichten Patienten von Verbesserungen der Lebensqualität, darunter eine höhere Leichtigkeit, mehr Selbstvertrauen und erhöhte Ausdrucksfähigkeit (vgl. Clair et al. 2018: S. 3).

6.4 Closed-Loop-Implantate

Ein interessanter Ansatz, um DBS zu personalisieren und somit effizienter zu machen, ist eine individuelle Stimmungskartografierung des Gehirns, deren Machbarkeit kürzlich bewiesen wurde. Sani et al. maßen an verschiedenen Punkten im Gehirn dessen Aktivität und korrelierten diese über circa eine Woche mit subjektiven Stimmungen der Probanden. Eine künstliche Intelligenz war in der Lage mit diesen Trainingsdaten die Stimmung der Patienten relativ präzise vorherzusagen (vgl. Sani et al. 2018: S. 958f.).

In Zukunft sollen Gehirnimplantate somit in der Lage sein, mentale Zustände zu erkennen und entsprechend zu reagieren. Diese Art der Intervention wird Closed-Loop genannt, da automatische Reaktionen auf physiologischen Input erfolgen. Klassische DBS-Implantate, die unabhängig von physiologischen Vorgängen immer die gleiche

Aktion durchführen, werden in Abgrenzung hierzu Open-Loop genannt (vgl. Morrell und Halpern 2016: S. 111).

Bereits im Einsatz sind Closed-Loop-Implantate bei der Behandlung von Epilepsie. Auch hier wird ein individueller Fingerabdruck der pathologischen Gehirnaktivität erstellt, der progressiv besserwerdende Resultate ermöglicht, sodass im ersten Jahr die Anzahl der epileptischen Anfälle um durchschnittlich 44% und im dritten Jahr um 66% reduziert werden konnte (vgl. Morrell und Halpern 2016: S. 115).

Der Unterschied zu möglichen Implantaten bei psychiatrischen Indikationen liegt in der klaren Lokalisierbarkeit von epileptischen Herden, die teilweise auch per Lobektomie[4] entfernt werden können (vgl. Morrell und Halpern 2016: S. 112). Neuropsychiatrische Störungen sind stattdessen meist in einem verteilten Netzwerk im Gehirn lokalisiert und sind deshalb schwieriger zu identifizieren.

Außerdem könnte die Wirkung des Stimulators schwieriger zu antizipieren sein (vgl. Sani et al. 2018: S. 959f.). Parallel zu den vollautomatischen Closed-Loop-Implantaten werden auch sogenannte *closed-loop advisory brain devices* getestet, die, anstatt direkt eine Stimulation auszuführen, den Patienten vor einem bestehenden Anfall warnen, sodass dieser selbstständig entscheiden kann, wie er darauf reagiert (vgl. Gilbert et al. 2018: S. 317).

---

[4] operative Entfernung eines Organlappens, in diesem Fall eines Gehirnteils

7 Die Bedeutung von Gehirnimplantaten für die Debatte um die Willensfreiheit

Im Folgenden sollen die bisherigen Erkenntnisse unter verschiedenen Blickwinkeln auf ihre Implikationen für den philosophischen, therapeutischen und gesellschaftlichen Umgang mit Gehirnimplantaten geprüft werden.

7.1 Implantierte Indeterminiertheit?

In der philosophischen Debatte wird die Frage nach individueller Freiheit oft auf die Frage heruntergebrochen, ob unser Gehirn in seinen Entscheidungsfunktionen determiniert ist. Lehnt man einen allgemeinen Determinismus ab, beispielsweise wegen der Erkenntnisse der Quantenphysik, bleibt noch der bereichsspezifische Makrodeterminismus. Zwar ist leicht widerlegt, dass ein System deterministisch sein kann, wenn die Welt irgendwo indeterministisch ist, da es keine kausal abgeschlossenen Räume gibt (vgl. Kapitel 2.1.3.). Jedoch weist die Theorie Robert Kanes darauf hin, dass es vielleicht entscheidend ist, in welchen Momenten und in welchen Gehirnprozessen genau eine Indeterminiertheit auftritt. Er postuliert, dass in *self-forming actions,* also bedeutsamen, charakterformenden Entscheidungsmomenten das Gehirn gezielt indeterministische Prozesse lostritt und so verschiedenen Optionen eine Chance einräumt (vgl. Kapitel 2.2.4.).

Angenommen Kane hätte Recht und das Gehirn besäße die besondere Eigenschaft, gezielt indeterministisch zu funktionieren, wäre es denkbar, dass diese Funktion pathologisch verloren geht oder verbesserbar ist. Prinzipiell scheint vieles für die generelle These von indeterministischen Prozessen im Gehirn zu sprechen (Lewis und MacGregor 2006: S. 244f.).

Daniel Dennett bringt die Möglichkeit ins Spiel, indeterministische Prozesse, beispielsweise in Form von atomaren Zerfallsprozessen in das Gehirn zu implantieren, um die Möglichkeit von Kanes *self-forming actions* wiederherzustellen. Jedoch kommt er zu dem Schluss, dass es erstens keine Rolle spielt, ob die Quelle des Zufalls innerhalb des Gehirns liegt oder von außerhalb gesendet wird und zweitens, dass es ebenso keine Rolle spielt, ob es echter Zufall oder beispielsweise eine pseudozufällige Verteilung ist (vgl. Dennett 2004: S. 132). Folgt man Perebooms Variante des Frankfurtbeispiels, ist es zudem für moralische Verantwortlichkeit irrelevant, ob indeterministische Gehirnprozesse in der Lage sind eine Entscheidung zu überdenken, so lange dieser Prozess nicht hinreichend ist (vgl. Kapitel 2.2.3.).

Kane selbst sieht in der Indeterminiertheit von Gehirnprozessen einen schmalen Grat. Einerseits ist sie seiner Meinung nach notwendig, um Flexibilität zu schaffen und somit auch für moralische Verantwortlichkeit unabdingbar. Andererseits dürfe die Zufälligkeit nicht die allgemeine Ordnung unterwandern. Ersetze man diesen chaosproduzierenden Prozess durch ein Implantat, könne schnell der Punkt erreicht sein, an dem die Personalität und das Bewusstsein der Person verlorengehe. Das Implantat dürfe höchstens eine unterstützende aber keine ersetzende Rolle spielen, sonst sei moralische Verantwortlichkeit nicht mehr denkbar. Es dürfe beispielsweise indeterminiert sein, ob eine Handlung erfolgreich ist, aber nicht ob sie überhaupt vollzogen wird (vgl. Goetz und Kane 2000: S. 345f.). Dennett zitiert Kane zudem mit der Aussage, dass das Implantat die exakte neuronale Ansprechbarkeit besitzen müsse, wie die Originalprozesse (vgl. Dennet 2004: S. 133). Diese Argumentation erinnert sehr an Fischers und Ravizzas Konzept der Inhaberschaft, bei dem ebenfalls nicht klar war, ob ontologische oder praktische Unterschiede den Ausschlag für moralische Verantwortlichkeit geben sollten (vgl. Kapitel 2.2.3. und 4.1.).

Kane, der wie gezeigt, metaphysischen Erklärungsmodellen abgeneigt ist, scheint an dieser Stelle vor einem klassischen sorites-Paradox zu stehen. Dieses Paradox versinnbildlicht das Problem der graduellen Strukturierung zwischen zwei Begriffen. Heilinger und Müller führen dieses Paradox in Bezug auf die Abgrenzbarkeit von Mensch und Maschine ein. Sie zeigen überzeugend, dass eindeutige Abgrenzungen nur behauptenden Charakter haben können und graduelle Differenzierungen so unmöglich werden. Sie schlagen stattdessen eine *scala cyborgensis* vor, in der die Eindeutigkeit der Unterscheidung gegen die Diskutierbarkeit des Grads an Selbsttechnisierung eingetauscht wird (vgl. Heilinger und Müller 2007: S. 25f.).

Eine solche pragmatische Debatte trage auch dem Umstand Rechenschaft, dass die vermeintlich metaphysischen Grenzen oft eher kulturell konstruiert sind (vgl. ebd.). Statt wie Kane also von ein Kipppunkt auszugehen, könnte auch freier Wille und moralische Verantwortlichkeit graduell beschrieben werden. Auch Walter plädiert dafür, dass sich die Philosophie nicht in einer Fundamentalopposition gegenüber den empirischen Freiheitsskeptikern verfängt, indem sie glaubt, die These absoluter Unfreiheit mit ebensolcher Freiheit widerlegen zu müssen (vgl. Walter 2016: S. 360).

Wenngleich Keil eine Freiheit in einer deterministischen Welt für unmöglich hält, charakterisiert er sie gleichzeitig nicht als bedingungslos, sondern als „die Fähigkeit zur überlegten hindernisüberwindenden Willensbildung" (Keil 2017: S. 194).

Vielleicht hat Kane Recht und dieses Überlegen erfordert indeterministische Prozesse im Gehirn. Dann könnte ein Implantat Freiheit wiederherstellen. Gleichzeitig weist Kane darauf hin, dass moralische Verantwortung erfordert, dass die allgemeine Ordnung (s.o.) nicht unterwandert wird. Diese sei für Personalität und Bewusstsein unabdingbar (vgl. Goetz und Kane 2000: S. 345f.). Welche Art von Ordnung hier gemeint und bedroht sein könnte, lassen folgende Fallbeispiele erahnen.

7.2 Psychologische Kontinuität bei DBS-Patienten

Klaming und Haselager beschreiben in ihrem Artikel u.a. einen Fall, in dem ein Patient mit Tourette Syndrom mit DBS behandelt wird. Zwölf Monate nach der Aktivierung des Implantats und in direkter Folge einer Erhöhung der Stimulationsstärke, verfällt der Patient in eine dissoziative Persönlichkeitsstörung, in der er verängstigt wirkt und mit einer Kinderstimme u.a. seine Verantwortung leugnet (wofür, bleibt unklar). Nachdem das Implantat deaktiviert wird, normalisiert sich sein Zustand und er hat keine Erinnerung an den Vorfall (vgl. Klaming und Haselager 2013: S. 530).

In einem anderen Fall sei zwar keine gespaltene Persönlichkeit aufgetreten, jedoch massive Stimmungsveränderungen mit manischen und psychotischen Anteilen, sodass die Autoren ebenfalls von einer Disruption der psychologischen Kontinuität sprechen. Es sei aufgrund dieses Zusammenbruchs der normalerweise integrierten Funktion von Gedächtnis, Glaubenssystemen, Intentionen, Wünschen und der Wiedererkennbarkeit des Charakters zumindest von einer verminderten Schuldfähigkeit im strafrechtlichen Sinne auszugehen (vgl. Klaming und Haselager 2013: S. 534).

Zu dieser Annahme gebe es jedoch auch andere Meinungen, deren Tenor ist, dass nicht der Grad der Disruption entscheidend ist, sondern alleinig die Frage, ob die Unrechtmäßigkeit des Handelns noch erkannt werden kann (vgl. Klaming und Haselager 2013: S. 533). Argumentiert man hier wiederum mit Fischers und Ravizzas Konzept der Führungskontrolle, scheint die Sache eindeutig. Das Implantat gehört nicht zum Patienten und er hat sich die negativen Auswirkungen auch nicht zu eigen gemacht. Die für moralische Verantwortung erforderliche Inhaberschaft über Entscheidungsprozesse besteht also nicht (vgl. Kapitel 4.1.). Laut Klaming und Haselager gestaltet sich der Fall analog zu einer unwillkürlichen Intoxikation, für deren Folgen wir üblicherweise dem Handelnden keine Verantwortung zuschreiben (vgl. Klaming und Haselager 2013: S. 532).

Komplizierter gestaltet sich der Fall eines Patienten mit starken motorischen Störungen, die per DBS kuriert werden können. Hier trat als Nebenwirkung eine manische Störung auf, sodass das Implantat wieder abgeschaltet wurde. Der Patient entschied sich jedoch dafür, die psychiatrischen Nebenwirkungen in Kauf zu nehmen, das Implantat wieder aktivieren zu lassen und sich anschließend psychiatrisch betreuen zu lassen (vgl. Klaming und Haselager 2013: S. 534).

Hier könnte man argumentieren, dass der Patient sich der Nebenwirkungen und ebenso der Möglichkeit diese zu vermeiden, bewusst war, sodass man unter Umständen von einer Inhaberschaft im Sinne von Fischer und Ravizza sprechen könnte. Allerdings scheint der Patient auch nicht im Sinne Shabos psychologischer Interpretation von Inhaberschaft (vgl. Kapitel 4.1.) diese zu besitzen, da er im Rahmen der anschließenden psychiatrischen Betreuung seine Verantwortung abgibt.

Strafrechtlich lässt sich hier eine sogenannte *actio libera in causa* diskutieren, die im Strafrecht eine Ausnahme vom Prinzip der Einzeltatschuld darstellt (vgl. dazu Kapitel 4.3.). Während prinzipiell die Schuldfähigkeitsfrage nur für den Moment der Tat gestellt wird, kann unter Umständen die bewusste oder fahrlässige Herbeiführung eines schuldunfähigen Zustands (beispielsweise durch Rauschmittel) ebenfalls strafrechtsrelevant sein (vgl. Klein 2011: S. 65 Fußnote 258).

Klaming und Haselager diskutieren aber auch einen hypothetischen Fall, in dem ein Ausfall des DBS-Implantats, beispielsweise durch eine leere Batterie, alte pathologische Verhaltensweisen wieder auftreten lässt (vgl. Klaming und Haselager 2013: S. 534). In diesem Fall gäbe es kaum einen Zweifel daran, dass der Patient mit funktionierendem Implantat auch die Inhaberschaft darüber besitzt.

Es scheint evident, dass hier die Frage nach dem freien Willen und somit Verantwortlichkeit fähigkeitsbasiert im Sinne Keils (vgl. Kapitel 7.1.) entschieden werden muss. Die Inhaberschaft kann hier nur im Sinne Shabos als grundlegende psychische Entscheidung verstanden werden, nicht als ontologische Eigenschaft. Man denke in diesem Zusammenhang auch an Sartre zurück, der in Bezug auf das Unbewusste von einer urfreien Wahl zur Unaufrichtigkeit gesprochen hat. Demnach ist die Attitüde zur eigenen Verantwortung stets im Ursprung frei (vgl. Kapitel 4.2.).

Gilbert et al. haben in einer qualitativen Interviewstudie Patienten mit Implantaten zur Erkennung von epileptischen Anfällen (*closed-loop advisory device*) zu ihrer Selbstwahrnehmung befragt.

Die Ergebnisse gehen weit auseinander: Einige Patienten fühlen sich viel selbstbewusster und wie neugeboren, während andere das Implantat völlig ablehnen und mit einem weiteren Kontrollverlust assoziieren (vgl. Gilbert et al. 2019: S. 87).

Insbesondere eine Patientin erlebte eine regelrechte postoperative Identitätstransition. In Sätzen, in denen sie sagt, dass sie ihr wahres Ich gefunden habe, wird deutlich, wie disruptiv der Eingriff für ihre psychische Selbstwahrnehmung war (vgl. Gilbert et al. 2019: S. 89f.). Dennoch fühlt sie sich selbstbewusster und vor allem zuverlässiger, was dafür spricht, dass nicht die psychologische Kontinuität entscheidend für ihre Verantwortlichkeit ist, sondern ihre dezisionalen Fähigkeiten.

7.3 Macht Kontrolle frei?

Ein weiterer Patient empfindet die permanenten Warnungen seines Implantats als Verlust von Kontrolle, es sei als entscheide allein das Implantat, was zu tun sei. Außerdem fühle er sich durch das sichtbare Implantat stigmatisiert und so in seinen sozialen Fähigkeiten eingeschränkt (vgl. Gilbert et al. 2019: S. 89f.).

Die Wahrnehmung, dass das Implantat eher Imperative als Ratschläge produziere, könne Patienten in eine passive Rolle drängen, die ihr Gefühl für Autonomie beeinträchtigt. Dass diese Fälle bereits bei relativ harmlosen Implantaten, wie den *closed-loop advisory devices* für Epilepsie auftreten, werfe Fragen für komplexere und wohlmöglich komplett autonome Systeme auf (vgl. Gilbert 2015: S. 8). Lipsman und Glannon weisen darauf hin, dass es eine Besonderheit von Gehirnimplantaten ist, dass Patienten im Gegensatz zur Einnahme von Medikamenten keinerlei Handlung ausführen müssen (vgl. Lipsman und Glannon 2013: S. 1).

Kellmeyer et al. suggerieren, dass komplexe Systeme, die in Entscheidungsprozesse eingreifen, es immer schwieriger machen, Verantwortung zuzuweisen. Das sei ein moralisches und rechtliches Problem, das nur durch das Verbleiben von Menschen an wichtigen Entscheidungspunkten gelöst werden könne. Es sei evident, dass Patienten, die im Entscheidungskreislauf gehalten werden, höhere Autonomie und somit höhere Verantwortlichkeit hätten (vgl. Kellmeyer et al. 2016: S. 629f.).

Gilbert kommt in dieser Frage zu einem konträren Ergebnis. Gerade weil das Implantat nicht eine Entscheidung provoziere, in die es sich gleichzeitig bedeutend einmische, sondern einfach im Hintergrund agiere, sei es unwahrscheinlicher, dass ein Patient sich in seiner Autonomie eingeschränkt fühle (vgl. Gilbert 2015: S. 8f.).

Vielmehr sei eine informierte Zustimmung bei der Implantierung, sowie die Möglichkeit, den Mechanismus jederzeit zu deaktivieren, völlig ausreichend für Verantwortlichkeit. Hier klingt ebenfalls wieder die Diskussion zwischen Einzeltatschuld und Charakterschuld an. Es ist eine Frage der sozialen Kontrolle, wie weit in der Kausalkette wir zurückgehen, um nach Verantwortlichkeit zu suchen. Prinz hat dafür argumentiert, dass die progressive Entwicklung hin zu einer perfekten Demokratie dem Individuum gleichzeitig immer mehr Autonomie und somit Verantwortung zuspricht (vgl. Kapitel 4.3. und 7.2.).

Kellmeyers et al. Feststellung, dass die Verantwortlichkeit des Subjekts direkt vom Grad seiner Involviertheit in einzelne Handlungen abhängt, ist in dieser Perspektive nur Resultat eines spezifischen historisch-kulturellen Kontextes. Dass die Idee davon, was dem Individuum zurechenbar ist, variabel ist, konnte auch in Kapitel 4.4. an empirischen Studien gezeigt werden.

De Haan et al. vertreten in Berufung auf Hannah Arendt und in Bezug auf Zwangsstörungen die Auffassung, dass Freiheit ein ausgewogenes Verhältnis von bewussten und unbewussten Vorgängen erfordere. Der Spezialfall der Zwangserkrankung widerlege die klassisch-westliche Auffassung, dass mehr bewusste Kontrolle immer mehr Freiheit bedeute (vgl. de Haan et al. 2015: S. 1). Zwangserkrankte würden zu oft bewusst über Vorgänge nachdenken, die bei anderen unbewusst ablaufen. Dies unterbreche ihren Fluss und lasse sie sich unfrei fühlen. Ihnen fehle das Grundvertrauen in unsere Umgebung und sich selbst (vgl. de Haan et al. 2015: S. 3f.).

Interessanterweise zeigen auch empirische Studien, dass Patienten mit Zwangsstörung ihre Zwangsgedanken tendenziell als fremd und intentionslos wahrnehmen (vgl. van Oudheusden et al. 2018: S. 6). In Hinblick auf das Konzept der Inhaberschaft könnte dies als fehlende Verantwortungsübernahme über ihr Unbewusstsein interpretiert werden (vgl. Kapitel 4.1.). Das unangebrachte Misstrauen in unproblematische Prozesse könnte dann zu einer Überaktivität des kontrollierenden Bewusstseins führen, welches infolgedessen überlastet wird.

Diese Interpretation von Bewusstsein als Misstrauen gegen sich selbst findet sich, wie auch de Haan et al. feststellen, auch bei Heidegger. Für ihn sei bewusste Reflektion nur sinnvoll, wenn ein Werkzeug kaputt oder abwesend ist (vgl. de Haan 2015: S. 5 / Heidegger 1968 [1928]: S. 73f.).

Wenn sich Freiheit also nicht nach dem Grad der bewussten Kontrolle bemessen lasse, bleibt die Frage offen, wonach diese stattdessen beurteilt wird. De Haan et al. finden die Antwort darauf wiederum bei Hannah Arendt, die eine Kohärenz von Handlung und persönlichem Anliegen als Kern von Freiheit definiere. Wenn ich in der Lage bin im Sinne dessen zu handeln, was mir wichtig ist, sei ich frei (vgl. de Haan 2015: S. 7 / Arendt 1961: S. 144ff.).

Dies erinnert auch an Frankfurts Kompatibilismus, der Freiheit in der Widerspruchslosigkeit von Wünschen höherer und niederer Ordnung sah (vgl. Kapitel 2.2.3.). Diese *wholeheartedness* scheint notwendige Bedingung dafür zu sein, dass man sich frei fühlt. Das Beispiel der Zwangserkrankung zeigt jedoch auf, dass zusätzlich noch ein Grundvertrauen in die eigenen Entscheidungsprozesse nötig ist, um sich frei zu fühlen. Überträgt man diese Erkenntnis auf die Closed-Loop-Implantate kommt man zu dem Schluss, dass diese unbewusst agieren sollten, sobald ein Grundvertrauen, also eine Inhaberschaft etabliert ist.

Wie dieses Grundvertrauen zu erwerben ist, muss weiter erforscht werden, da die bisherigen empirischen Erfahrungen nicht ausreichen. Gilbert et al. stellen diesbezüglich fest, dass die Bereitschaft für eine Inhaberschaft über das Implantat stark mit der Akzeptanz der Krankheit korreliert (vgl. Gilbert et al. 2019: S. 92).

Naheliegenderweise trägt auch eine ordnungsgemäße Funktion zur Vertrauensbildung bei (vgl. Gilbert et al. 2018: S. 318). Es scheint analog zum Lernen einer neuen Fähigkeit elementar, dass man mit steigendem Vertrauen in die eigenen Fähigkeiten (und damit im Fall der Gehirnimplantate mit einer Akzeptanz dieser als eigen) zunehmend auf bewusste Kontrolle verzichtet (vgl. auch Kapitel 3.1.). Da dies im Falle der Gehirnimplantate nicht automatisch passiert, scheint eine enge und individuelle Betreuung der Patienten in dieser Frage essenziell.

7.4 Der verbesserte Wille?

Wie insbesondere im letzten Kapitel gezeigt wurde, lässt sich die Freiheit des Willens auch als graduelles Phänomen verstehen. Wie sehr fühle ich mich als Urheber meiner Entscheidungen und wie widerspruchslos sind die verschiedenen Wünsche und Triebe, wird das Tun als sinnvoll empfunden und wie sehr ist man in der Lage loszulassen. All diese Fragen haben, wie gezeigt wurde, mit dem Gefühl der Menschen von Freiheit zu tun. Gleichzeitig sind sie alle nur graduell zu beantworten und auch gesunde Menschen können hier meist keine eindeutige Antwort geben.

Laut Glannon können Medikamente und in zunehmendem Maße auch Gehirnimplantate die Willensfreiheit des Menschen verbessern. In Analogie zur Theorie der Führungskontrolle (vgl. Kapitel 2.2.3.) sieht Glannon eine wesentliche Komponente der Willensfreiheit in der Ansprechbarkeit durch Gründe. Wenn ein Alkoholiker die Gründe für eine Abstinenz sieht und einen Wunsch hegt diese durchzusetzen, es aber nicht schafft, fehlt es ihm laut Glannon an der Fähigkeit auf Gründe zu reagieren (vgl. Glannon 2011: S. 19). Nicht zwingendermaßen ist diese Fähigkeit absolut verloren. Glannon versteht die Ansprechbarkeit durch Gründe vor allem in der Fähigkeit langfristige Ziele nicht durch kurzfristige Befriedigung zu gefährden, wie sehr dies gelingt sei auch situationsabhängig (vgl. Glannon 2012: S. 386).

Wenn es in solchen Fällen möglich ist, die Willensfreiheit durch Medikamente oder Implantate zu verbessern, stelle sich die Frage, ob man diese auch bei gesunden Menschen über ein normales Maß hinaus steigern könnte. Glannon sieht die pharmakologischen und technischen Möglichkeiten dafür als eindeutig gegeben an. Jedoch sei die Ansprechbarkeit durch Gründe nur mit genügend kognitiver Flexibilität sinnvoll. Wer immer vernünftig handeln müsse, fühle sich ebenfalls unfrei (vgl. Glannon 2012: S. 387f.).

Ovenden argumentiert diesbezüglich dafür, dass sich die Freiheit des Willens nicht nur in der Durchsetzbarkeit moralischer Gründe ausdrücke. Ein Implantat gegen Willensschwäche, das den Patienten zu einer moralischen Handlung zwinge, die er gar nicht will, sei offensichtlich nicht frei, da er keine Wahl habe (vgl. Ovenden 2018: S. 2005). Die frankfurtsche Definition von Willensfreiheit als Widerspruchsfreiheit von Wünschen verschiedener Ordnung gilt demnach nicht zwingend unidirektional als Anpassungsdruck auf die Triebe, sondern muss sich im Zweifel auch in der Flexibilität der Vernunft ausdrücken können. Hier scheint nicht relevant, ob es echte Alternativen im Sinne einer regulativen Kontrolle gibt, sondern ob dem Ich eine vermittelnde Rolle im Sinne einer Führungskontrolle zukommt oder ob es nur um die Durchsetzungsfähigkeit von Moral geht. Die in Kapitel 4.4. herausgestellten kulturellen Unterschiede weisen jedoch darauf hin, dass die Flexibilität der Vernunft nur in westlichen Kulturen als notwendig für Willensfreiheit angesehen werden könnte.

Das Niveau an Kontrolle, das ein Individuum in Bezug auf seine mentalen Zustände haben sollte, um als frei und verantwortlich zu gelten, ist laut Glannon kulturell-normativ geformt (vgl. Glannon 2011: S. 18 / Kapitel 4.3.). Bei Individuen, die dieses Niveau nicht erreichen, gebe es graduelle Abstufungen der Verantwortlichkeit. Wer jedoch besonders ansprechbar für moralische Gründe sei, sei deshalb nicht hyperverantwortlich (vgl. Glannon 2011: S. 23f.).

Es sei jedoch vorstellbar, dass wenn das allgemeine Level der moralischen Sensibilität, also das Vermögen moralisch zu handeln, ansteige, auch der erwartete Standard mitsteige (vgl. ebd.). In Kapitel 4.2. wurde bereits dafür argumentiert, dass die Etablierung der Psychoanalyse das Niveau der erwartbaren Verantwortungsübernahme über unbewusste Prozesse gesteigert hat.

Glannon argumentiert ähnlich, wenn er schreibt, dass die gestiegene Aufklärung über die Gefahren von Drogenmissbrauch die Erwartbarkeit einer langfristigen Folgenabschätzung beim erstmaligen Konsum erhöht, sodass Suchtkranke zunehmend im Sinne einer Charakterschuld für ihr Handeln verantwortlich seien, selbst wenn sie mittlerweile nicht mehr frei handeln können (vgl. Glannon 2011: S. 20).

Glannon glaubt, dass die zunehmende Etablierung von *Neuro-Enhancing* ebenso zu einer solchen Erweiterung der Bereiche, die dem Verantwortungsbereich des Individuums als zurechenbar gelten, führen könne. Dafür sei aber eine hohe Verbreitung solcher Maßnahmen notwendig (vgl. Glannon 2011: S. 24).

Die von Prinz prognostizierte Entwicklung hin zu einer immer demokratischeren Gesellschaft erfordert Individuen, die immer selbstverantwortlicher sind (vgl. Kapitel 4.3.). Glannon weist in diesem Zusammenhang darauf hin, dass die Ansprüche an das moralische Verhalten sich angemessen zu den Möglichkeiten verhalten müssen. Wichtig sei hier aber auch die Unterscheidung von Inhalt und Ausprägung von Verantwortung (vgl. Glannon 2011: S. 24).

Es scheint als habe die Ausprägung der Verantwortung klare Grenzen. Es gehört zu unserem Selbstverständnis als freie Menschen, dass wir auch mal unvernünftig handeln, sonst würde eine Alternativlosigkeit herrschen, die zumindest viele als unfrei verstehen würden (vgl. Kapitel 2.2.). Gehirnimplantate, die beispielsweise die Impulskontrolle von suchtkranken Menschen steigern oder die Empfänglichkeit für moralische Gründe bei Psychopathen steigern, können dies auch bei Menschen, die als gesund gelten. Freiheit ist dabei jedoch ein fein abgestimmtes Gleichgewicht aus Trieb und Moral, Unbewusstem und Bewusstem, das justierbar, aber nicht endlos steigerbar ist.

Unsere kulturelle und technische Evolution scheint jedoch in Übereinstimmung mit Prinz' historischer Diagnose zu einer kontinuierlichen inhaltlichen Steigerung unseres individuellen Verantwortungsbereich zu führen. Gehirnimplantate können als Form der möglichen Selbstkontrolle dabei den Bereich der Handlung einschränken, die als entschuldbar zu rechtfertigen sind. Wenn deviantes Verhalten durch ein Gehirnimplantat zu unterdrücken ist, dessen Verwendung historisch-kulturell als erwartbar gilt, ist man frei in seiner Entscheidung und somit verantwortlich.

8 Diskussion und Fazit

Am Anfang dieser Arbeit stand die Frage, welche Effekte moderne Gehirnimplantate auf die Debatte um den freien Willen haben. Um diese Frage beantworten zu können, war es zunächst notwendig, diese Debatte zu skizzieren und grundlegendes Wissen zu vermitteln. Es erschien unausweichlich zumindest einen groben Überblick über die grundlegenden Theorien zur Willensfreiheit darzustellen, bevor über konkrete Bezugspunkte zur Technologie diskutiert werden konnte.

Die Alternative wäre gewesen, nur isolierte Theorien zur Willensfreiheit vorzustellen, die eine besondere Ergiebigkeit im Bezug auf Gehirnimplantate versprechen. Die vorliegende Arbeit legt bewusst einen weiteren Fokus, um insbesondere auf Relevanzverschiebungen in der Gesamtdebatte hinweisen zu können. Viele Theorien bauen außerdem auf Abgrenzungen gegenüber anderen Theorien auf, sodass eine isolierte Betrachtung schwierig ist.

Dennoch scheint es ein zunächst berechtigter Einwand zu sein, dass die ausführliche Diskussion des Determinismusarguments wenig aufschlussreich für die Frage nach der Bedeutung von Gehirnimplantaten ist. Wahr ist aber auch, dass dieses Argument die Diskussion um die Willensfreiheit lange beherrscht hat. Wenn dieses in der Debatte plötzlich vollständig irrelevant wird, sobald der Kontext technisch-wissenschaftlich wird, ist dies eine erste grundlegende Erkenntnis dieser Arbeit. Der Kontext bestimmt die Art und Weise, wie wir über Willensfreiheit nachdenken.

Des Weiteren steht die Diskussion über den Determinismus symbolisch für eine Frage, die auch im Kontext der Gehirnimplantate relevant bleibt: Wenngleich der Determinismus weitgehend von seinem metaphysischen Thron gestoßen wurde, bleibt die menschliche Autonomie weiterhin eine der großen anthropologischen Unsicherheiten, an der wichtige gesellschaftliche Diskurse ausgefochten werden.

Es scheint geradezu notwendig, dass eine Gesellschaft zentrale Fragen mit allgemeinem Sinnbezug im Spekulativen belässt. Die Frage nach der Willensfreiheit kann so eher als Tradition oder Chiffre verstanden werden, die stellvertretend für Fragen des sozialen Miteinanders verhandelt wird.

Wenn Ted Honderich fordert, man solle doch endlich die deterministische Natur des Seins akzeptieren, argumentiert er weniger für seine Position, sondern gegen die psychologischen Attitüden, die er mit anderen Positionen verbindet. Schon für Kant ging es meines Erachtens nach mehr um die gesellschaftlichen Folgen seiner Philosophie als um logische Konsistenz.

Fest überzeugt von der deterministischen Gewalt der Naturgesetze, war ihm die Willensfreiheit offensichtlich wichtiger, als ein einheitliches Weltbild.

Die nüchterne Trockenheit der Neurowissenschaften bildet hier auf den ersten Blick einen objektiven Gegenpol. Doch die von einigen Neurowissenschaftlern postulierte Widerlegung der Willensfreiheit mag einen metaphysischen Dualismus vermeiden, bleibt in ihren Annahmen aber ebenso spekulativ. Bei vielen Neurowissenschaftlern, die szientistische Annahmen verbreiten, scheint dabei ein Verdruss über die moralgetränkte Natur unserer Gesellschaft vorzuherrschen. Ähnlich, wie im anfangs zitierten Gedanken Einsteins, wirkt die Ablehnung der Willensfreiheit als Schutzgedanke davor, alles Böse der Welt als intentional begreifen zu müssen.

Die Ergebnisse der Sozialpsychologie deuten jedoch darauf hin, dass der Glaube an die Willensfreiheit eine wichtige Funktion in unserer Gesellschaft spielt und im Trend eher zu- als abnimmt. Auch wenn es tröstlich sein kann, wenn nicht jedes Verhalten als frei gewählt interpretiert werden muss, funktioniert unsere Gesellschaft ganz basal auf dem Prinzip der moralischen Verantwortung.

Prinz sieht in diesem Trend einen Wandel von paternalistischen Herrschaftsformen zu solchen mit mehr individueller Autonomie. Die Kehrseite dieser Zunahme individueller Handlungsmacht ist womöglich nirgendwo besser auf den Punkt gebracht worden, als im durch die Spiderman Comics berühmt gewordenem Sprichwort: „With great power comes great responsibility."

Technologie kann uns im wahrsten Sinne des Wortes übermenschliche Kräfte verleihen. Der rapide technische Fortschritt überrascht uns mit seinen Herausforderungen dabei oft auf ähnliche Art und Weise, wie eine Superheldenkraft den Comicprotagonisten. Sind wir bereit die Verantwortung, mit ihren Chancen und Risiken, anzunehmen oder versuchen wir ihr zu entgehen?

Der historisch-kulturelle Kontext, deren Bedeutung insbesondere von Fischer und Ravizza betont wird, ändert sich in derart rasantem Tempo, sodass eine langsame Gewöhnung an neue Möglichkeiten immer schwieriger zu werden scheint. Autonom agierende Technik vermittelt dabei zunehmend den Eindruck, dass Verantwortlichkeit nicht mehr klar zuzuordnen ist. Gehirnimplantate können dabei die psychologische Kontinuität der Patienten unterbrechen, Entscheidungen ohne bewusste Kontrolle treffen und Willenskraft steigern. Aus verschiedenen Gründen ist es ratsam, sich zweimal zu überlegen, ob man Technik so intim in Bereiche eindringen lässt, die so elementar mit dem personalen Selbstverständnis zusammenhängen.

Allerdings spricht nichts fundamental dagegen, dass man auch für diese kognitiv sehr intimen Systeme bewusst Verantwortung übernehmen kann. Unsere kulturelle Abneigung gegen artifiziellen Einfluss auf Entscheidungen hält einer kritischen Reflexion nicht lange stand. Den von Fischer und Ravizza entwickelten Kriterien der Empfänglichkeit für Gründe und der gefühlten Inhaberschaft können Gehirnimplantate entsprechen, wenn sie behutsam eingesetzt werden.

So lange unsere zumindest gefühlte kognitive Flexibilität erhalten wird und Patienten das Gefühl haben, sich in ihrem eigenen Tempo auf die neu erworbene Fähigkeit einstellen zu können, das heißt Kontrolle nur in einem Maß abzugeben mit dem sie sich wohlfühlen, stellen Gehirnimplantate keine Gefahr für die Willensfreiheit dar.

Die hohe Geschwindigkeit mit dem unsere persönliche Verantwortung auch in Bezug auf unsere mentalen Zustände wächst, ist derweil nicht unproblematisch. Es ist eine Form der indirekten Machtausübung, die oft auch unter dem Schlagwort des Neoliberalismus diskutiert wird. Es gab in den 70er-Jahren viele Gründe für eine Ablehnung der damals Psychochirurgie getauften Technik, nicht nur die massiven Nebenwirkungen und Risiken. Die Gefahr des technologischen Totalitarismus besteht heute genau wie damals. Eine formelle Freiwilligkeit bedeutet noch keine echte Freiheit.

Es ist fraglich, ob eine erhöhte Erwartbarkeit von psychochirurgischen Eingriffen gänzlich vermieden werden kann, wenn Gehirnimplantate eine weite Verbreitung finden. Unter bestimmten Voraussetzungen muss dies keine schlechte Entwicklung sein. So lange Gehirnimplantate dabei helfen, ein Gleichgewicht zwischen den Trieben und der Moral herzustellen, können sie dem, was wir Willensfreiheit nennen, dienlich sein. Schon jetzt bestehende kulturelle Unterschiede zwischen demokratischeren und totalitäreren Systemen im Verständnis des freien Willens sollten uns jedoch wachsam sein lassen, in welche Richtung wir dieses Gleichgewicht verschieben lassen möchten.

Literaturverzeichnis

Arendt, H. (1961). *Between Past and Future: Six Exercises in Political Thought.* New York: The Viking Press. Abgerufen von http://self.gutenberg.org/wplbn0000128543-between-past-and-future--six-exercises-in-political-thought-by-hannah-arendt.aspx?

Baumeister, R. F., Masicampo, E. J., & DeWall, C. N. (2009). Prosocial Benefits of Feeling Free: Disbelief in Free Will Increases Aggression and Reduces Helpfulness. *Personality and Social Psychology Bulletin, 35*(2), 260–268. https://doi.org/10.1177/0146167208327217

Caruso, G., & Flanagan, O. (2017). Neuroexistentialism: Third-Wave Existentialism. In *Neuroexistentialism: Meaning, Morals, and Purpose in the Age of Neuroscience.* https://doi.org/10.1093/oso/9780190460723.003.0001

Clair, A.-H., Haynes, W., & Mallet, L. (2018). Recent advances in deep brain stimulation in psychiatric disorders. *F1000Research, 7.* https://doi.org/10.12688/f1000research.14187.1

Clarke, R. (2003). *Libertarian Accounts of Free Will.* https://doi.org/10.1093/019515987X.001.0001

Clarke, R. (2019). Free Will, Agent Causation, and "Disappearing Agents". *Noûs, 53*(1), 76–96. https://doi.org/10.1111/nous.12206

Damasio, A. R. (2003). *Looking for Spinoza: Joy, sorrow, and the feeling brain* (First Harvest edition). Orlando Toronto London: Harcourt.

de Haan, S., Rietveld, E., & Denys, D. (2015). Being free by losing control: What obsessive-compulsive disorder can tell us about free will. In W. Glannon (Hrsg.), *Free Will and the Brain* (S. 83–102). https://doi.org/10.1017/CBO9781139565820.006

De Pierris, G., & Friedman, M. (2018). Kant and Hume on Causality. In E. N. Zalta (Hrsg.), *The Stanford Encyclopedia of Philosophy* (Winter 2018). Abgerufen von https://plato.stanford.edu/archives/win2018/entries/kant-hume-causality/

Dennett, D. C. (2004). *Freedom evolves.* London: Penguin books.

Dobbs, D. (2018). Why a „Lifesaving" Depression Treatment Didn't Pass Clinical Trials. Abgerufen 1. November 2018, von The Atlantic website: https://www.theatlantic.com/science/archive/2018/04/zapping-peoples-brains-didnt-cure-their-depression-until-it-did/558032/

Doyle, B. (2011). *Free will: The scandal in philosophy.* Cambridge, Massachusetts: I-Phi Press.

Einstein, A. (1932). *Mein Glaubensbekenntnis*. Abgerufen von https://www.einstein-website.de/z_biography/glaubensbekenntnis.html

Esfeld, M. (2008). Die Metaphysik dispositionaler Eigenschaften. *Zeitschrift Für Philosophische Forschung*, *62*(3). Abgerufen von https://www.researchgate.net/publication/241421461_Die_Metaphysik_dispositionaler_Eigenschaften

Feldman, G., Farh, J.-L., & Wong, K. F. E. (2018). Agency Beliefs Over Time and Across Cultures: Free Will Beliefs Predict Higher Job Satisfaction. *Personality & Social Psychology Bulletin*, *44*(3), 304–317. https://doi.org/10.1177/0146167217739261

Fischer, J. M., & Ravizza, M. (1999). *Responsibility and Control: A Theory of Moral Responsibility*. Cambridge University Press.

Frankfurt, H. G. (1988a). Freedom of the Will and the Concept of a Person. In M. F. Goodman (Hrsg.), *What Is a Person?* (S. 127–144). https://doi.org/10.1007/978-1-4612-3950-5_6

Frankfurt, H. G. (1988b). *The importance of what we care about: Philosophical essays*. Cambridge [England] ; New York: Cambridge University Press.

Frankfurt, H. G. (1969). Alternate Possibilities and Moral Responsibility. *The Journal of Philosophy*, *66*(23), 829–839. https://doi.org/10.2307/2023833

Frankfurt, H. G. (1999). *Necessity, volition, and love*. Cambridge, U.K. ; New York: Cambridge University Press.

Freud, S. (1917). Eine Schwierigkeit der Psychoanalyse. *University Library Heidelberg*. https://doi.org/10.11588/diglit.25679.1

Gardner, J. (2013). A history of deep brain stimulation: Technological innovation and the role of clinical assessment tools. *Social Studies of Science*, *43*(5), 707–728. https://doi.org/10.1177/0306312713483678

George, J. (2018, Januar 16). *DBS Suppresses Tics in Uncontrolled Tourette Syndrome*. Abgerufen 7. Juli 2019, von https://www.medpagetoday.org/neurology/generalneurology/70540?vpass=1

Gerbert, F. (2004). *Die Intelligenz der Gefühle*. Abgerufen 13. Juni 2019, von FOCUS Online website: https://www.focus.de/wissen/mensch/neurowissenschaft/psychologie-die-intelligenz-der-gefuehle_aid_201408.html

Gilbert, F., Cook, M., O'Brien, T., & Illes, J. (2019). Embodiment and Estrangement: Results from a First-in-Human "Intelligent BCI" Trial. *Science and Engineering Ethics*, *25*(1), 83–96. https://doi.org/10.1007/s11948-017-0001-5

Gilbert, Frederic. (2015). A Threat to Autonomy? The Intrusion of Predictive Brain Implants. *AJOB Neuroscience*, *6*(4), 4–11. https://doi.org/10.1080/21507740.2015.1076087

Gilbert, Frederic, O'brien, T., & Cook, M. (2018). The Effects of Closed-Loop Brain Implants on Autonomy and Deliberation: What are the Risks of Being Kept in the Loop? *Cambridge Quarterly of Healthcare Ethics*, *27*(2), 316–325. https://doi.org/10.1017/S0963180117000640

Ginet, C. (1990). *On action*. Cambridge [England] ; New York: Cambridge University Press.

Glannon, W. (2011). Diminishing and Enhancing Free Will. *AJOB Neuroscience*, *2*(3), 15–26. https://doi.org/10.1080/21507740.2011.580490

Glannon, W. (2012). Neuropsychological Aspects of Enhancing the Will: *Monist*, *95*(3), 378–398. https://doi.org/10.5840/monist201295320

Goetz, S., & Kane, R. (2000). Excerpts from Robert Kane's Discussion with Members of the Audience. *The Journal of Ethics*, *4*(4), 343–347. Abgerufen von JSTOR.

Graat, I., Figee, M., & Denys, D. (2017). The application of deep brain stimulation in the treatment of psychiatric disorders. *International Review of Psychiatry (Abingdon, England)*, *29*(2), 178–190. https://doi.org/10.1080/09540261.2017.1282439

Griffith, M. (2013). *Free will: The basics*. London ; New York: Routledge.

Habermas, J. (2004). Freiheit und Determinismus. *Deutsche Zeitschrift für Philosophie*, *52*(6). https://doi.org/10.1524/dzph.2004.52.6.871

Hagner, M. (2012). The Electrical Excitability of the Brain: Toward the Emergence of an Experiment. *Journal of the History of the Neurosciences*, *21*(3), 237–249. https://doi.org/10.1080/0964704X.2011.595634

Heidegger, M. (1968). *Sein und Zeit* (11., durchges. Aufl. mit d. Randbemerkungen aus d. Handex. d. Autors im Anh). Tübingen: Niemeyer.

Heilinger, J.-C., & Müller, O. (2007). Der Cyborg und die Frage nach dem Menschen. Kritische Überlegungen zum „homo arte emendatus et correctus". *Jahrbuch für Wissenschaft und Ethik*, *12*(1). https://doi.org/10.1515/9783110192476.1.21

Herrmann, C. S., Pauen, M., Min, B. K., Busch, N., & Rieger, J. (2005). Eine neue Interpretation von Libets Experimenten aus der Analyse einer Wahlreaktionsaufgabe. In C. S. Herrmann (Hrsg.), *Bewusstsein: Philosophie, Neurowissenschaften, Ethik* (S. 120–135). München: Fink.

Hoefer, C. (2016). Causal Determinism. In E. N. Zalta (Hrsg.), *The Stanford Encyclopedia of Philosophy* (Spring 2016). Abgerufen von https://plato.stanford.edu/archives/spr2016/entries/determinism-causal/

Honderich, T. (2002). *How free are you? The determinism problem* (2nd ed). Oxford ; New York: Oxford University Press.

Honderich, T. (2011). Effects, Determinism, Neither Compatibilism Nor Incompatibilism, Consciousness. In R. Kane (Hrsg.), *The Oxford handbook of free will*. https://doi.org/10.1093/oxfordhb/9780195399691.003.0022

Horgan, J. (2005). The work of Jose Delgado, a pioneering star. *Scientific American*, (Oktober 2005), 65–78.

Hume, D., & Beauchamp, T. L. (1999). *An enquiry concerning human understanding*. Oxford ; New York: Oxford University Press.

Kant, I. (2016). *Grundlegung zur Metaphysik der Sitten* (4. Aufl.). Berlin: Holzinger.

Kant, I., & Timmermann, J. (1998). *Kritik der reinen Vernunft*. Hamburg: Meiner.

Keil, G. (2017). *Willensfreiheit* (3. Aufl.). https://doi.org/10.1515/9783110534511

Kellmeyer, P., Cochrane, T., Müller, O., Mitchell, C., Ball, T., Fins, J. J., & Biller-Andorno, N. (2016). The Effects of Closed-Loop Medical Devices on the Autonomy and Accountability of Persons and Systems. *Cambridge Quarterly of Healthcare Ethics: CQ: The International Journal of Healthcare Ethics Committees*, 25(4), 623–633. https://doi.org/10.1017/S0963180116000359

Klaming, L., & Haselager, P. (2013). Did My Brain Implant Make Me Do It? Questions Raised by DBS Regarding Psychological Continuity, Responsibility for Action and Mental Competence. *Neuroethics*, 6, 527–539. https://doi.org/10.1007/s12152-010-9093-1

Klein, F. (2011). *Nichtpharmakologisches (invasives) Neuroenhancement in medizinethischer Sicht = Nonpharmacological (invasive) neuroenhancement from the perspective of medical ethics* (RWTH Aachen). Abgerufen von http://publications.rwth-aachen.de/record/64526?ln=de

Kulenkampff, J. (2013). *David Hume: Eine Untersuchung über den menschlichen Verstand* (2. Aufl.). https://doi.org/10.1524/9783050064185

Laplace, P. S., Von Mises, R., Löwy, H., & Schwaiger, N. (1932). *Philosophischer Versuch über die Wahrscheinlichkeit*. Leipzig: Akademische Verlagsgesellschaft m. b. h.

Lewis, D. (1987). *Philosophical Papers Volume II*. https://doi.org/10.1093/0195036468.001.0001

Lewis, E. R., & MacGregor, R. J. (2006). On indeterminism, chaos, and small number particle systems in the brain. *Journal of Integrative Neuroscience, 5*(2), 223–247.

Libet, B. (1985). Unconscious cerebral initiative and the role of conscious will in voluntary action. *Behavioral and Brain Sciences, 8*(4), 529–566. https://doi.org/10.1017/S0140525X00044903

Libet, B. W. (1999). Do We Have Free Will? *Journal of Consciousness Studies, 6*(8–9), 47–57.

Lipsman, N., & Glannon, W. (2013). Brain, mind and machine: What are the implications of deep brain stimulation for perceptions of personal identity, agency and free will? *Bioethics, 27*(9), 465–470. https://doi.org/10.1111/j.1467-8519.2012.01978.x

Lohse, B. (1995). *Luthers Theologie in ihrer historischen Entwicklung und in ihrem systematischen Zusammenhang*. Göttingen: Vandenhoeck & Ruprecht.

Luther, M. (2017). *Vom unfreien Willen: Theologische These gegen „Vom freien Willen" („De libero arbitrio") von Erasmus*. e-artnow.

Malessa, A. (2015). *Hier stehe ich, es war ganz anders: Irrtümer über Luther* (5. Auflage). Holzgerlingen: SCM-Verlag.

Morrell, M. J., & Halpern, C. (2016). Responsive Direct Brain Stimulation for Epilepsy. *Neurosurgery Clinics of North America, 27*(1), 111–121. https://doi.org/10.1016/j.nec.2015.08.012

Nietzsche, F., & Colli, G. (2005). *Menschliches, Allzumenschliches I und II* (Neuausg. 2005 der 2., durchges. Aufl). München: Dt. Taschenbuch-Verl. [u.a.].

Ovenden, C. (2018). Guidance control and the anti-akrasia chip. *Synthese, 195*(5), 2001–2019. https://doi.org/10.1007/s11229-017-1312-4

Palmer, D. (2011). Pereboom on the Frankfurt cases. *Philosophical Studies: An International Journal for Philosophy in the Analytic Tradition, 153*(2), 261–272. Abgerufen von JSTOR.

Pereboom, D. (2006). Kant on Transcendental Freedom. *Philosophy and Phenomenological Research, 73*(3), 537–567. https://doi.org/10.1111/j.1933-1592.2006.tb00548.x

Popper, K. R. (1991). *The open universe: An argument for indeterminism*. London: Routledge.

Prinz, W. (2006). Free Will as a Social Institution. In S. Pockett, W. P. Banks, & S. Gallagher (Hrsg.), *Does Consciousness Cause Behavior?* (S. 257–276). MIT Press.

Rager, G. H., & Brück, M. von. (2012). *Grundzüge einer modernen Anthropologie*. Göttingen: Vandenhoeck & Ruprecht.

Saleh, C., & Hasler, G. (2017). Deep brain stimulation for psychiatric disorders: Is there an impact on social functioning? *Surgical Neurology International, 8*, 134. https://doi.org/10.4103/sni.sni_15_17

Sani, O. G., Yang, Y., Lee, M. B., Dawes, H. E., Chang, E. F., & Shanechi, M. M. (2018). Mood variations decoded from multi-site intracranial human brain activity. *Nature Biotechnology, 36*(10), 954–961. https://doi.org/10.1038/nbt.4200

Sarkissian, H., Chatterjee, A., De Brigard, F., Knobe, J., Nichols, S., & Sirker, S. (2010). Is Belief in Free Will a Cultural Universal? *Mind & Language, 25*(3), 346–358. https://doi.org/10.1111/j.1468-0017.2010.01393.x

Sartre, J.-P., König, T., Wroblewsky, V. von, & Sartre, J.-P. (2014). *Das Sein und das Nichts: Versuch einer phänomenologischen Ontologie* (18. Aufl). Reinbek bei Hamburg: Rowohlt-Taschenbuch-Verl.

Savani, K., Markus, H. R., Naidu, N. V. R., Kumar, S., & Berlia, N. (2010). What counts as a choice? U.S. Americans are more likely than Indians to construe actions as choices. *Psychological Science, 21*(3), 391–398. https://doi.org/10.1177/0956797609359908

Schiller, F. (1962). Über Anmut und Würde. In *Sämtliche Werke* (Bd. 5, S. 433–489). München: Hanser.

Schlaepfer, T. E., Cohen, M. X., Frick, C., Kosel, M., Brodesser, D., Axmacher, N., ... Sturm, V. (2008). Deep Brain Stimulation to Reward Circuitry Alleviates Anhedonia in Refractory Major Depression. *Neuropsychopharmacology, 33*(2), 368–377. https://doi.org/10.1038/sj.npp.1301408

Schopenhauer, A. (2014). *Die Welt als Wille und Vorstellung*. Berlin: Holzinger.

Schultze-Kraft, M., Birman, D., Rusconi, M., Allefeld, C., Görgen, K., Dähne, S., ... Haynes, J.-D. (2016). The point of no return in vetoing self-initiated movements. *Proceedings of the National Academy of Sciences, 113*(4), 1080–1085. https://doi.org/10.1073/pnas.1513569112

Shabo, S. (2005). Fischer and Ravizza on history and ownership. *Philosophical Explorations, 8*(2), 103–114. https://doi.org/10.1080/13869790500091425

Soon, C. S., Brass, M., Heinze, H.-J., & Haynes, J.-D. (2008). Unconscious determinants of free decisions in the human brain. *Nature Neuroscience, 11*(5), 543–545. https://doi.org/10.1038/nn.2112

Stegmüller, W. (1960). Das Problem der Kausalität. In E. Topitsch (Hrsg.), *Probleme der Wissenschaftstheorie: Festschrift für Victor Kraft* (S. 171–190). https://doi.org/10.1007/978-3-662-25138-6_6

Steinacker, P. (2009). Luther und das Böse. Theologische Bemerkungen im Anschluß an Luthers Schrift.»De servo arbitrio« (1525). *Neue Zeitschrift für Systematische Theologie und Religionsphilosophie, 33*(2), 139–151. https://doi.org/10.1515/nzst.1991.33.2.139

Swartz, N. (2003). *The concept of physical law—Second edition.* Cambridge [Cambridgeshire] ; New York: Cambridge University Press.

Timpe, K. (2007). Source Incompatibilism and Its Alternatives. *American Philosophical Quarterly, 44*(2), 143–155.

van Oudheusden, L. J. B., Draisma, S., van der Salm, S., Cath, D., van Oppen, P., van Balkom, A. J. L. M., & Meynen, G. (2018). Perceptions of free will in obsessive-compulsive disorder: A quantitative analysis. *BMC Psychiatry, 18*(1), 400. https://doi.org/10.1186/s12888-018-1985-3

Vohs, K. D., & Schooler, J. W. (2008). The value of believing in free will: Encouraging a belief in determinism increases cheating. *Psychological Science, 19*(1), 49–54. https://doi.org/10.1111/j.1467-9280.2008.02045.x

Walter, S. (2016). *Illusion freier Wille?: Grenzen einer empirischen Annäherung an ein philosophisches Problem* (1. Aufl. 2016 ed. edition). Stuttgart: J.B. Metzler.

Wente, A. O., Bridgers, S., Zhao, X., Seiver, E., Zhu, L., & Gopnik, A. (2016). How Universal Are Free Will Beliefs? Cultural Differences in Chinese and U.S. 4- and 6-Year-Olds. *Child Development, 87*(3), 666–676. https://doi.org/10.1111/cdev.12528

Wittgenstein, L. (2016). *Logisch-philosophische Abhandlung =: Tractatus logico-philosophicus* (36. Auflage). Frankfurt am Main: Suhrkamp.